人力资源管理探索与实践

宋晓芬　檀迎娟　王军胜◎著

哈尔滨出版社

图书在版编目（CIP）数据

人力资源管理探索与实践/宋晓芬，檀迎娟，王军胜著. —哈尔滨：哈尔滨出版社，2022.9
ISBN 978-7-5484-6793-9

Ⅰ.①人… Ⅱ.①宋… ②檀… ③王… Ⅲ.①人力资源管理－研究 Ⅳ.①F243

中国版本图书馆CIP数据核字(2022)第180576号

书　　名：**人力资源管理探索与实践**
RENLI ZIYUAN GUANLI TANSUO YU SHIJIAN

作　　者：宋晓芬　檀迎娟　王军胜　著
责任编辑：孙　迪　李维娜
封面设计：徐芳芳

出版发行：哈尔滨出版社（Harbin Publishing House）
社　　址：哈尔滨市香坊区泰山路82-9号　邮编：150090
经　　销：全国新华书店
印　　刷：北京四海锦诚印刷技术有限公司
网　　址：www.hrbcbs.com
E－mail：hrbcbs@yeah.net
编辑版权热线：（0451）87900271　87900272
销售热线：（0451）87900202　87900203

开　　本：787mm×1092mm　1/16　印张：11　字数：222千字
版　　次：2023年5月第1版
印　　次：2023年5月第1次印刷
书　　号：ISBN 978-7-5484-6793-9
定　　价：58.00元

前 言

随着全球经济一体化的发展，人才的竞争越来越激烈化。经济发展的竞争，归根结底就是人才的竞争。谁掌握了人才资源，谁就拥有企业竞争的核心资本。当代社会经济发展实践证明，人力资源的开发与利用对经济发展起着重要作用，人的素质高低决定了效率快慢。在当今知识经济的趋势下，人力资源已成为企业取得和维系竞争优势的关键性资源，但是，要将人力资源从潜在的生产能力转化为现实的生产力，就必须加强人力资源的开发与管理。

每个时代人力资源都具有与自己时代相适应的特点。随着社会经济的变革和环境的变化，人力资源管理也形成了自己的特点。如今的时代是以人为核心的时代，是人才竞争的时代。人力资源构成了社会竞技运动的基础性要件，是形成财富的首要因素，是创造价值不可或缺的因素，是发展经济的关键力量。现代人力资源管理以“人”为核心，视人为“资本”，把人作为第一资源加以开发，既重视以事择人，也重视为人设事，让员工积极主动地、创造性地开展工作，属“服务中心”，管理出发点是“着眼于人”，考虑人的个性、需求的差异，又考虑客观环境对人的影响，用权变的观点开展工作，从而达到人力资源合理配置、人与事的系统优化，使企业获得最佳的经济和社会效益。

基于此，本书是在人力资源管理的基础上结合实践经验撰写，内容包括人力资源管理的基础理论、人力资源规划、员工招聘、员工培训与开发、员工薪酬管理、员工激励、劳动关系及员工职业生涯管理。书中主要通过言简意赅的语言、丰富全面的知识点以及清晰系统的结构，对人力资源管理探索与实践进行了全面且深入的分析与研究，充分体现了科学性、发展性、实用性、针对性等显著特点。希望本书能够成为一本为相关研究人员提供参考和借鉴的专业学术著作。

在本书的撰写过程中，参阅、借鉴和引用了国内外许多同行的观点和成果。各位同仁的研究奠定了本书的学术基础，对人力资源管理探索与实践研究提供了理论基础，在此一并感谢。另外，受水平和时间所限，书中难免有疏漏和不当之处，敬请读者批评指正。

目录

第一章　人力资源管理的基础理论

第一节　人力资源管理概述

一、人力资源及相关概念

资源是人类赖以生存的基础，是社会财富创造过程中不可或缺的重要内容。从经济学角度看，资源是指形成财富、产生价值的来源。人类财富的来源主要有两类：一类是自然资源，如土地、森林、矿藏、河流等；另一类是人力资源，来自人的知识、体能、智力等。最初自然资源被看作财富形成的主要来源，随着科技的进步，人力资源的贡献越来越大，并逐渐占据了主导地位。经济学家萨伊将“土地、劳动、资本”归为资源构成的三要素。经济学家熊彼特则认为资源除了土地、劳动、资本三要素之外，还应该包括企业家才能（精神）。随着信息技术及互联网的广泛应用，很多经济学家认为信息、知识、管理等也是资源的构成要素。

（一）人力资源的概念及内涵

人力资源的定义分为广义和狭义两个方面。广义的人力资源指体力和智力正常的人。狭义的人力资源指在一定的时间和空间范围内所有具有劳动能力人口的总和，是蕴含在人体内的一种生产能力，以劳动者的数量和质量为表现的资源。它有以下内涵：它是某一国家或地区具有智力和体力劳动能力的人口的总和，包括数量指标和质量指标；它是创造物质文化财富、为社会提供劳动和服务的劳动者；它是蕴藏在人体内的一种生产能力，开发之后成为现实的劳动生产力。

一个组织的人力资源是指该组织的全体员工，表现为员工的体力、智力、技能、经验等。

（二）人力资源的分类

人力资源按层次、规模可分为三个层次：人口资源、人力资源或劳动力资源、人才资源。三个层次的包含关系如图 1 所示。

图 1 人力资源的层次关系

人口资源是指一个国家或地区的人口的总体。

人力资源是对从事智力劳动和体力劳动的人口的总称，是人口数量和质量的统一，是潜在和现实人力资源的统一。现实人力资源主要指适龄就业、未成年就业及老年就业者，潜在人力资源主要指求学人口、服兵役人口，此外，还有一部分处于闲置状态，如待业、求业、失业及家务劳动者。

劳动力资源是指具有劳动能力且进入法定劳动年龄的人口资源。

人才资源是指具有较强的管理能力、研究能力、创造能力和专门技术能力的人力资源，是优秀和杰出的人力资源。

（三）人力资源的特征

人力资源是不同于自然资源的一种特殊资源，综合许多学者的观点，概括为以下特征。

1. 能动性

人力资源是劳动者所具有的能力，人能够有目的、有计划地使用自己的脑力和体力。在创造社会价值的过程中，人力资源总是处于主动地位，是劳动过程中最积极、活跃、创新的因素。人既是价值创造的客体，又是价值创造的主体。自然资源服从于人力资源。

2. 时效性

人力资源的能量与人的生命周期密切相关。人的生命周期一般分为发育成长期、成年期、老年期等阶段。在发育成长期，人的体力和脑力处于积累阶段；进入成年期，人开始劳动并创造财富，成为现实的人力资源；而步入老年期，人的体力和脑力衰退，越来越不适合劳动。人力资源的时效性要求人在成年期及时开发和利用人力资源，避免浪费。

3. 增值性

人力资源具有明显的价值增值性。不论是集体还是个人，人力资源不会因为使用而损耗，只会因为使用而不断地增强，但是是有极限的。人的知识、技能和经验因为不断地使用、锻炼而更有价值。因此，在一定的时空范围内，人力资源能够不断增值。

4. 社会性

自然资源具有完全的自然属性，人力资源则具有社会属性，受时代和社会因素等影响。社会的政治、经济和文化不同会影响人力资源质量，例如，古代社会的人力资源总体质量会低于现代社会，发达国家的人力资源质量也会明显高于发展中国家。

5. 可变性

人力资源以人为载体，由于人的差异性及在劳动过程中发挥作用的程度不同，人力资源的产出具有可变性。人在劳动过程中会因为身体和心理状态不同，导致工作态度、工具、方法、知识、技能等不同，从而影响劳动的结果和效率。组织可动态调整员工队伍的数量和结构，运用恰当的方法开发利用员工的潜能，既提高了员工个人的价值，又提高了组织的绩效。

6. 可控性

组织人力资源分为外在可控和内在可控两种形式。外在可控人力资源指按劳动合同将劳动能力有偿转让给组织并接受其管理的员工，是组织名义上有权管控的群体；内在可控人力资源指组织实际管控并能发挥其作用的员工。组织可通过工作设计、员工配置等措施，发挥员工的潜能，使内在可控与外在可控的人力资源趋于一致。

7. 组合性

人力资源主体虽然属于个人，但是组织人力资源是一种复合性资源，必须建立劳动组织机制，通过分工协作、有机组合，达到整体大于局部的效果。经过组合后的人力资源，不仅能为员工自身带来更高的利益回报，更能促进组织的协调发展。

8. 双重性

人们在社会生产、经营、管理等实践活动中，既在开发人力资源，又在使用人力资源。人既是生产者又是消费者，在创造社会财富的同时，人也在不断地消耗社会资源和自然资源。因此，既要控制人口总量，又要开发与使用人力资源，以带动社会经济。

此外，人才资源还具有稀缺性、不可替代性、难以模仿性及战略性等特征。

（四）人力资源的作用

1. 人力资源是社会经济发展的主导力量

人力资源是社会财富形成的关键要素。社会财富是由对人类的物质生活和文化生活具有使用价值的产品构成，自然资源必须通过人力资源的转化作用才能实现财富增长，而人力资源的使用数量与效果决定了财富的形成量。同时，人力资源是社会经济发展的主要因素。现代以及将来经济持续、快速、健康发展的主要动力已不仅是物质资源，而是拥有知识和技术的人力资源。人力资源既能提高物质资本，又能提高人力资本的生产率。人力资源可以使劳动者自我丰富、自我更新和自我发展，同时通过劳动者知识的积累及素质、能力等的提高，增进对物质资本的利用率与产值量。人力资源和人力资本的不断发展和积累，直接推动物质资本的更新和发展。

2. 人力资源是国家繁荣富强的前提

人力资源是国家强盛的重要因素之一，任何国家在经济、文化、科技等方面的快速发展，都离不开强有力的人才支撑。教育是一个国家繁荣富强、持续发展的基础。21 世纪的全球竞争主要集中在科技、智力、知识等方面，归根结底是人才的竞争。世界各国都非常重视人力资源的开发和建设，通过不断提高人力资源质量和优化人才结构来实现国家的快速发展。

3. 人力资源是企业各类资源的关键

企业是指集中土地、资金、技术、信息、人力等各种资源，通过有效的方式整合、利用，从而实现自身利益最大化并满足利益相关者要求的组织。在现代社会中，企业是社会经济活动中最基本的经济单位之一，是社会价值创造的最主要的组织形式。企业的出现既是生产力发展的结果，又极大提高了社会生产力水平。企业若要正常运转，就必须投入各种资源，而人力资源是保证企业实现最终目标的最重要、最有价值的资源，人力资源的存在及有效利用能够充分激活其他资源。

综上所述，人力资源对社会、国家、组织都发挥着重要的作用，我们必须对它予以高度重视，开发并用好现有的人力资源。

（五）人力资源状况分析

在一定的社会及组织环境中，人力资源必须同其他形式的资源相互结合，共同实现组织目标。不同组织的人力资源情况各有不同，只有深入了解组织的人力资源状况，才能从实际出发进行人力资源的管理与开发。

一般而言，组织人力资源状况可以从以下方面进行分析。

1. 人力资源的数量

组织的人力资源数量是指组织拥有的员工总体，包括以下几种形式。

（1）实际人力资源

实际人力资源是指组织实际拥有和控制的员工总数，包括长期固定员工和临时聘用、兼职、咨询顾问等两大类。

（2）潜在人力资源

潜在人力资源是指组织目前尚未使用，但未来可能通过各种方式加以开发和利用的人力资源，潜在人力资源主要受行业、区域人力资源状况以及组织的经济实力、发展阶段、管理政策、组织文化等因素影响。

2. 人力资源的质量

人力资源质量指人力资源的内涵要素，即人的社会、心理、行为等方面。当组织中人的思想观念一致、感情融洽、行动协调，就会达到人力资源优化效果。人力资源质量体现为以下四点。

（1）知识与教育水平

知识与教育水平是指员工的教育程度、知识结构、工作经验、相关培训等情况。

（2）职业道德水平

职业道德水平是指与员工职业相关的道德、品行、修养等综合素质。

（3）专业技能

专业技能是员工素质与任职能力的结合，表现为行业性和职业性特征，通过与职务工作要求相吻合的程度来评价。

（4）身心素质

身心素质表现为体力、智力、身心健康等特征。

3. 人力资源的结构

分析一个国家、地区或一个组织的人力资源结构时，主要针对现实的人力资源。

分析一个国家人力资源结构，可以从年龄构成、教育水平、产业与职业分布、区域及城乡分布等方面进行。

对企业人力资源的结构分析则主要围绕以下因素进行。

（1）年龄结构

年龄结构指各个年龄段的员工在员工总体中所占的比例。年龄结构不同，企业人力资源管理的侧重点必然不同，如员工队伍年轻化，则员工技能培训的任务可能较重，而相对老龄化的企业，招聘录用新员工的任务则会较重。

（2）学历结构

学历结构指研究生、本科、大专、中专及以下学历的员工在员工总体中所占的比例。学历结构能反映员工队伍的知识水平。

（3）职位分布

职位分布指不同职位层次或不同类别岗位的员工在员工总数中所占的比例。按传统的组织理论，员工的职位分布是呈金字塔形的，职位级别越高，则员工人数越少。

（4）部门分布

部门分布指各个部门的员工在员工总体中所占的比例。如工业企业，通常设立市场营销、生产加工、工程技术、行政后勤等部门，不同性质的部门对企业的价值和贡献程度必然不同，直接创造价值的部门要比辅助和后勤部门的员工人数多。

（5）素质构成

素质构成主要指员工的个性、品性、能力、知识和体质等特征，一般分为语言描述和分数描述两种形式。

此外，人力资源结构分析还有性别、工龄、学历、职务职称、专业能力等因素。在经济全球化及组织管理快速变革的环境中，企业人力资源的结构分析还应考虑地域、国别、文化、工作与家庭等方面。

人力资源的数量与质量紧密关联，只有保持一定的人力资源数量，才能有相应的质量，人力资源的结构因素则综合反映了人力资源整体状况。社会各个组织因工作任务、性质、组织结构及管理模式等不同，对人力资源的规模、质量及结构等要求也必然不同。如果组织中员工的素质均较低，则很难在本领域内形成竞争优势。但并非高水平员工越多越好，人才堆积也会造成人力资源浪费，既增加了组织人员成本，又不利于人才的使用和发展。

二、人力资源管理及相关概念

（一）人力资源管理的概念及内涵

1. 人力资源管理的概念

人力资源管理，是指对人力资源的生产、开发、配置、使用等环节进行的计划、组织、指挥和控制等一系列的管理活动。人力资源管理也可理解为：组织对人力资源的获取、维护、运用及发展的全部管理过程与活动。

2. 人力资源管理的内涵

人力资源管理是对社会劳动过程中人与事之间相互关系的管理，为谋求社会劳动过程中人与事、人与人、人与组织的相互适应，实现“事得其人、人尽其才、才尽其用”。

人力资源管理是研究管理工作中人或事方面的任务，以充分开发人力资源潜能，调动员工的积极性，提高工作质量和效率，实现组织目标的理论、方法、工具和技术。

人力资源管理是通过组织、协调、控制、监督等手段进行的，对组织员工产生直接影响的管理决策及实践活动。

人力资源管理是为使员工在组织中更加有效地工作，针对员工的招聘、录用、选拔、考核、奖惩、晋升、培训、工资、福利、社会保险、劳动关系等方面开展的工作。

（二）人力资源管理的目标任务

1. 人力资源管理的目标

关于人力资源管理的目标，国内外学者有不同的观点。人力资源管理的最终目标是帮助实现企业的整体目标。作为企业管理的重要组成部分，人力资源管理从属于企业管理系统，人力资源管理目标应当服从并服务于企业目标。在最终目标下，人力资源管理还要达成一系列的具体目标，如：保证组织需要的人力资源数量和质量；为人力资源价值创新营造良好的环境；准确有效地评价员工价值；科学合理地分配员工价值。

2. 人力资源管理的主要任务

人力资源管理的主要任务体现在吸引、使用、培养、维持等四个方面。

吸引：吸收合适及优秀的人员加入组织是人力资源管理活动的起点。

使用（激励）：员工在本岗位或组织内部成为绩效合格者或优秀者。激励是人力资源管理的核心任务。如果不能激励员工不断提升绩效水平、为组织做贡献，则人力资源管理对组织的价值就无法体现。

培养（开发）：员工具有能够满足当前和未来工作及组织需要的知识和技能。开发既是人力资源管理的策略，又能达成员工与组织共同发展的目的。

维持：组织内部现有员工能继续留在组织中。维持是保证组织拥有一支相对稳定员工队伍的需要，也是组织向员工承诺的一份“长期合作、共同发展”的心理契约。

在企业管理实践中，人力资源管理的四个任务通常被概括为“引、用、育、留”四个字。

（三）人力资源管理的基本内容

人力资源管理是为了实现人事协调、匹配而开展的一系列管理活动，通过人与事的优化配置来提高组织效益、促进人的发展。人力资源管理的基本内容包括以下方面。

1. 人力资源规划

人力资源规划是指对人力资源及其管理工作的整体计划，包括战略规划、组织规划、制度规划、人员规划及费用规划。人力资源规划涉及以下方面：根据组织总体规划，确定人力资源开发利用的方针、政策、组织结构及工作职责；建立组织人力资源管理的制度体系；对组织人力资源的供求关系进行预测分析；对组织人工成本、人力资源管理费用等进行计划和控制。

2. 员工招聘与员工配置

员工招聘是指基于组织的人力资源规划和工作分析，明确所招聘员工的职责、权力、待遇及资格条件，通过不同的招聘形式，运用相应的方法、技术，以适当的成本从职位申请人中选出最符合组织需要的员工。员工配置是指根据人力资源配置原理，结合组织内部的劳动分工与协作，对员工在时间和空间上进行合理配置，使员工在一定的劳动环境中开展工作。

3. 员工培训与开发

员工培训与开发是指采取各种方法和措施培训员工，提高员工的知识、技能、工作能力，并利用组织文化引导员工的个性发展和素质提高，以适应组织当前及未来发展的要求。培训与开发包括：对新进员工进行入职培训，教育和培训各级管理人员、专业技术及工勤人员，为使员工保持理想的技能水平、工作状态而组织开展相关活动。

4. 绩效管理与考评

绩效管理与考评包括：建立和完善组织的绩效管理系统，引导员工为实现组织和个人目标、提高工作绩效而努力；制订符合组织需要且激励员工为之努力的工作目标，不断强化并付诸实施；围绕绩效目标，制订绩效考评指标体系、设计考评方法和工具，使考评程序和结果公平公正；采取恰当的方式反馈员工的绩效考评结果。

5. 薪酬管理与激励

薪酬是根据员工对组织的价值贡献而提供员工的物质利益回报。薪酬制度不仅关系到员工的切身利益，也直接影响劳动生产率及组织目标的实现。建立科学合理的薪酬体系以及符合组织实际的薪酬内容、结构、分配原则和办法，不仅体现了组织对员工的评价和激励导向，而且有助于促进员工理解组织文化。

6. 劳动关系管理

在知识经济时代，企业与员工的关系不再是终身制，而是双向选择、双向促进的关系。企业劳动关系管理不仅包括企业与员工之间的劳动合同、劳动标准、社会保险、集体协商、劳动争议等方面，还涉及员工之间、员工与岗位之间、工作与生活之间关系的动态处理。

以上人力资源管理内容具有相对系统性和相互协调性，且必须以共同的价值观和相对一致的管理理念、政策、原则为基础，构成相互支持、彼此协同的人力资源管理系统。

（四）人力资源管理的衡量指标

人力资源管理活动的有效性，应通过一定的评价指标来衡量。以下指标可以从某些方面反映人力资源及管理状况，为加强或改进人力资源管理提供参考。

1. 劳动生产率

劳动生产率是最基本和通用的指标，通过人均产值、人均利润、人均效益等表现，适用于同一行业内各企业之间的横向比较或同一企业在不同时期的纵向比较。因为影响因素涉及企业经营管理活动的各个方面和环节，所以只有当企业基本条件较为接近时，劳动生产率的差别才能反映出人力资源管理水平。

2. 人工费用率

人工费用率是指人力资源的投入（占用资金）与产出（工作绩效）之间的比例，它能反映人力资源投资活动的有效性，衡量人力资源管理活动的效益。人工费用率可针对企业人力资源总体计算，也可将每一项人力资源管理活动所消耗的成本费用与该活动的收益进行比较。

3. 员工流动率

员工流动率主要反映员工在某一组织中连续工作的情况。人员流动状况是员工士气的晴雨表，反映了企业人力资源管理政策和水平。造成员工非正常流动的客观因素主要有：企业薪酬政策不合理；现有工作不能实现员工的理想抱负，组织不能为员工提供更好的发展空间；员工之间关系紧张，工作条件和环境不和谐，内部管理制度不合理；区域经济、行业发展及企业前景不佳等。

4. 考评合格率

考评合格率是指员工实际工作状况与工作既定目标和标准之间的符合程度，不仅可以反映员工的工作表现和业绩状况，而且可以反映员工的工作效果、知识、技能、素质等方面情况，还能反映企业在工作标准及监督管理等方面的问题。对上述问题的分析研究能为员工的招聘录用、培训开发、薪酬分配、人工成本控制等管理政策的制定和修改提供依据。

5. 人才开发率

人才开发率主要通过培训效果、员工技能的提高、员工职务晋升、薪酬调整等方面来衡量。它反映了人力资源的培训和开发水平，体现了员工在组织当前及未来的发展状况。人才开发主要以员工教育培训、工作轮换、管理人员开发计划等方式进行。

此外，员工缺勤率、薪酬满意度、劳动纠纷率等也是人力资源管理活动的评价指标。

第二节　人力资源管理的发展趋势

一、人力资源管理发展历程

（一）西方的人力资源管理发展历史

1. 人事管理萌芽阶段

人力资源管理的前身称为人事管理，人事管理的出现是随着 18 世纪后半叶工业革命而产生的。工业革命有三大特征，即机械设备的发展、人与机器的联系、建立能容纳大量人员的工厂。这样，当时的所有问题都归结为如何吸引农业劳动力放弃原有的生产和生活方式到工厂工作，然后将工业生产所需要的一些基本技能传授给他们，同时使他们能够适应工业文明的行为规则，从而最大限度地发挥劳动分工和生产协作所带来的巨大生产率潜力。这场革命导致两种现象：一是劳动专业化提高；二是工人生产能力的提高，工厂生产的产品剧增。人事管理萌芽阶段的管理思想有以下几个特点，如：把人视为经济人；确立了工资支付制度和劳动分工；初步有了智力劳动和体力劳动的区别；将“雇佣管理”主要功能用于招聘，其管理以“事”为中心。

2. 科学管理阶段

著名的科学管理之父弗雷德里克·泰勒在19世纪70—90年代是位于费城的伯利恒钢铁公司的工程师。为解决工人消极怠工的问题，他对工人的工作效率进行了研究，试图找到一种最好的、能最快完成工作的方法。这种工作方式要最有效率，速度最快，成本最低。因此，需要将工作最基本的元素进行分析，然后再用最有效的方式重新组合起来，这一时期，劳动力从农村进入城市，从小作坊、小工厂走向大工厂。在当时的情况下，集中化、大型化、标准化为其特色。在这一时期，人力资源管理思想有以下几个特点，如：出现劳动定额、劳动定时工作制，并能合理地对劳动成果进行计算；企业根据标准方法有目的地对工人进行入职培训，并根据工作的特点分配给工人适当的工作；明确划分了管理职能和作业职能；已经能组织起各级的指挥体系，对人的管理灌输了下级服从上级的严格的等级观念。

3. 人际关系运动阶段

20世纪20—30年代，哈佛大学商学院乔治·埃尔顿·梅奥和罗特利斯伯格等人在芝加哥的西方电器公司霍桑工厂进行的霍桑实验提供了一个有史以来最著名的行为研究成果。霍桑实验的研究结果启发人们进一步研究与工作有关的社会因素的作用。这些研究结果导致了人际关系运动，它强调组织要理解员工的需求，这样才能让员工满意并提高生产效率。这一时期，人力资源管理有以下几个特点，如：承认人是社会人，人除了物质、金钱的需求外，还有社会、心理、精神等方面的需求；在管理形式上，承认非正式组织的存在，承认法定的组织存在之外，另有权威人物的存在；在管理方法上，承认领导是一门艺术，而且应以人为核心改善管理的方法；重视对个体的心理和行为、群体的心理和行为的管理。

4. 人力资源管理阶段

人力资源管理的概念产生于20世纪五六十年代，然而，它在20世纪80年代中后期才受到企业的普遍重视。人力资源管理的出现标志着人事管理职能发展到了一个新的阶段。它的内容已经全面覆盖了人力资源规划、工作分析、员工招募与甄选、绩效评估与管理、培训与开发、薪酬福利与激励计划、员工关系与劳资关系等各项职能。人力资源管理这一概念替代人事管理概念，并不仅仅是名称上的改变和内容上的丰富，更是一种管理观念上的根本性变革。这一阶段有以下几个特点，如：管理转为以“人”为中心，重视个体需要，尊重隐私权；以管理为主转为以开发为主，培训员工的技能和自觉性；管理刚性转为管理柔性，实现个性化管理和人性化管理；重视团队建设、员工的协作和沟通，员工参与管理企业。

5. 战略性人力资源管理阶段

20 世纪 80 年代以后，企业在发展过程中一个突出的现象就是兼并，为了适应兼并的需要，企业必须制定明确的发展战略，因而战略管理渐渐成为企业管理的重点。而人力资源管理对企业战略的实现有着重要的支撑作用，所以需要从战略的角度思考人力资源管理的问题。战略性人力资源管理就是指有计划的人力资源使用模式以及旨在提升组织绩效、实现组织战略和具体的经营目标的各种活动。战略性人力资源管理阶段有如下几个特点，如：认为人力资源是组织获得竞争优势的重要源泉；企业在制定战略目标时，考虑未来五年至十年的人力资源配置，从战略角度来研究人力资源的开发、培养与使用；企业为了获得竞争优势，将人力资源管理的政策、实践、方法及手段等构成一种战略系统，将人力资源管理的各个部分有机地结合起来，进行系统化管理；从企业的战略高度，主动分析人力资源现状，为决策者准确、及时地提供有价值的人力资源数据，协助决策者制订具体的人力资源行动计划，支持企业实现战略目标。

（二）中国的人力资源管理发展历史

改革开放以来，中国经济、社会等各个方面都实现了空前的发展，人力资源管理更是经历了从计划经济体制下的劳动人事管理向现代人力资源管理的转变。尤其是进入 21 世纪以来，“以人为本”“人才资源是第一资源”等理念已成共识，作为国家竞争力来源的人力资源已上升至国家发展的高度。中国人力资源管理的发展经历了理念导入、实践探索、系统深化的过程。20 世纪 80 年代前，中国基本处于传统计划经济体制下的劳动人事管理阶段。从 20 世纪 80 年代中后期开始，人力资源管理的基本理念被逐步引入中国，但人力资源管理实践尚未大规模地应用，这与当时中国社会经济管理体制改革的情况基本一致。到了 20 世纪 90 年代中后期，全社会已经意识到人力资源管理需要不断改革和发展创新，人力资源管理实践在中国开始得到普遍运用，但当时企业管理体制和劳动力市场经济体制的改革尚不能建立和健全现代人力资源管理制度。进入 21 世纪后，随着外部环境的重大变革，人力资源管理改革进一步深化，正朝着国际化、市场化、职业化、知识化的方向发展。

1. 人力资源管理理念的导入期

人力资源管理领域在美国兴起于 20 世纪 80 年代初期，是当时美国管理研究的前沿领域之一。然而在 20 世纪 80 年代中期的中国，大众对人力资源管理一词非常陌生，甚至误以为人力资源管理就等同于人事管理，此时对人员的管理仍属于计划经济体制下的行政命令式管理。当时，劳动者只是生产关系的主体，而不是和土地、资本等资源一样被看作是生产力的基本要素。人们对人力资源管理的认识仍停留在员工只是管理和控制的工具这种固有观念上，人事管理部门的工作仅仅是人事考核、工资发放、人事档案管理等日常工作。

用工管理主要依靠行政调配的方式，工作岗位缺乏有效的考核，劳动合同的执行流于形式，缺乏有效的激励措施和竞争性用人机制。

2. 人力资源管理的探索期

20 世纪 90 年代中期，中国开始探索人力资源管理在实践中的运用，人力资源管理实践已开始应用到企业和政府的人事管理工作中。越来越多的企业开始试图从招聘、培训、绩效考核、薪酬管理等方面完善人力资源管理的各项职能，人力资源管理的各项专业技术也有一定程度的提高。尤其是部分企业通过实施年薪制，加大了对企业家激励的力度，促进企业家的经营行为，并且在一定程度上限定企业家年薪的范围。而对于一般员工已基本实现基于绩效的付酬。然而，此一阶段企业薪酬制度的改革还主要停留在分配方式改革的层面上，真正的薪酬管理体系还没有完全建立，企业薪酬管理的依据和基础还不明确，岗位分析、绩效考核体系、薪酬体系还没有建立起来。需要指出的是，由于市场发育程度不高，这一时期人力资源管理存在许多弊端。如：模糊的企业产权制度导致企业内部管理权责不明确，国有企业内部管理机制的行政化和干部化，专业化的人力资源市场管理机制尚未建立等问题。

3. 人力资源管理的系统深化期

20 世纪 90 年代末至今，人力资源管理改革得到了系统性的深化，国家对人力资源管理的重视程度日益提高。企业对人力资源管理的认识已经发生本质变化，人力资源的管理与开发水平大为提高。此阶段，中国劳动力市场建设较为全面，劳动法律逐步健全；政府人力资源管理水平有所提高，企业拥有了用人自主权，越来越重视人力资源管理实践。人力资源管理已经成为企业管理的重要内容，人力资源管理部门的职能正在由传统的人事行政管理职能转变为战略性人力资源管理职能，人力资源管理部门成为企业发展战略的参谋部、执行部和支持部。而随着基础管理模式的深入变革，人力资源作为核心资源，以人为本的思想得到了广泛的认同。在此背景下，以人才测评、绩效评估和薪资激励制度为核心的人力资源管理模型得以确立。

二、人力资源管理的未来发展趋势

（一）人力资源管理的全球化

现如今企业竞争领域扩展到全球，越来越多的企业已经实现了全球化。组织的全球化必然要求人力资源管理策略的全球化。全球化企业的人力资源管理要求企业具有全球化思维和创新意识。首先，具有全球化人力资源管理的理念。企业进入全球化已经成为趋势，我们面对的是无国界的人力资源市场，所以我们要以全球的视野来选拔人才，看待人才的流动。其次，人才市场竞争的全球化。全球化的人才交流市场已经出现，并将成为一种主要形式，人才的价值就不仅仅是在一个区域市场内体现，而更多的是在国际市场体现。最后，人力资源管理的对象全球化。企业的全球化布局由全球范围内的人力资源保证，人力资源管理的对象由一国为主扩展到全球，全球化人力资源管理涉及不同文化背景、不同种族、不同地域、不同信仰的员工的管理，以及并购过程中不同的劳动制度、不同的人力资源管理制度、不同的企业文化的统筹管理。

（二）人力资源管理的虚拟化

信息化时代和低碳经济时代使家庭办公、网络办公、协同工作等工作方式逐渐流行，对应的人力资源管理虚拟化也成为一种趋势。信息化时代的人力资源管理借助计算机和网络工作，一方面事务性管理活动虚拟化，比如人力资源信息管理、薪酬与福利管理、考勤管理等；另一方面常规性管理活动虚拟化，比如网络招聘、网络培训、网络学习、网络考评、网络沟通等。未来人力资源信息化管理将在系统整合的基础上实现自上而下的战略性人力资源管理的信息化，即 EHR。EHR 不仅能够极大地降低管理成本，提高管理效率，更重要的是能够提升管理活动的价值，它能够使人力资源管理者从低价值的事务性工作中解脱出来，投入更多的时间和精力从事高价值的战略性人力资源管理活动。

（三）人力资源管理的职业化

人力资源管理已经成为一种职业，在全球正朝向更为职业化与专业化的方向发展。中国推出了注册人力资源管理师（CHRP）和企业人力资源管理师国家职业标准。高校开设了人力资源管理本科专业以及人力资源管理硕士和博士学位授予点。在中国逐渐形成人力资源管理的专业化培养模式。人力资源专业与其他专业一样，有成熟的知识结构体系以及对行为解释的规范和准则，人力资源职业中更有胜任力的从业人员人数将会大大增加，那时将不会再有非人力资源管理专业且只靠管理经验的人力资源从业者。组织面临的来自全球市场的激烈竞争使传统的人力资源部门面临重新思考、重新定义和重新认识自身角色的巨大压力。人力资源管理人员担负了更重要的使命，如为企业塑造领导标杆、创造企业能力、加强知识的推广、推动科技发展等，最终为企业创造价值。

（四）人力资源价值链管理

人力资源管理的核心是如何通过价值链的管理，来促进人力资本价值的实现及其价值的增值。人力资源价值链是指人力资源在企业中的价值发现、价值创造、价值评价和价值分配一体化的环节。价值链本身就是对人才激励和创新的过程，人力资源管理通过组织战略和人力资源战略的准确定位，构建以核心人才为主的竞争优势，打造核心竞争力，为组织创造价值。由此，价值链管理成为未来人力资源管理的趋势。价值发现建立在清晰的人力资源战略规划流程的基础上，将人力资源管理投资与组织业务目标有效结合起来，凸显人力资源的独特优势，发掘人力资源管理的战略价值。价值创造就是要营造出良好的人力资源环境，以实现价值创造，这一目标需要借助职位分析和设计、员工调配、培训与开发、员工激励等职能活动来实现。价值评价是人力资源管理的核心问题，其内容是指通过价值评价体系及评价机制的确定，使人才的贡献得到承认，使真正优秀的、企业所需要的人才脱颖而出，使企业形成凭能力和业绩吃饭，而不是凭政治技巧吃饭的人力资源管理机制。价值分配是通过价值分配体系的建立，满足员工的需求，从而有效地激励员工，这就需要提供多元的价值分配形式，包括职权、机会、工资、奖金、福利、股权的分配等。

（五）流程化人力资源管理

流程管理包括两个方面：一是人力资源管理的流程化，二是适应流程优化的人力资源管理模式。人力资源管理的流程化体现在有效管理组织的同时，实现人力资源管理程序的标准化，确保每位员工都受到相同而公平的对待。人力资源每个流程都需要组织内部门的经理与员工的参与。例如，招聘新员工并让他开始工作，其中包括完成人力资源部门所要求的所有材料；新员工需要一间设备完善的办公室，以及能够使用的计算机网络与电子邮件账号。这些都必须在员工开始上班前准备就绪，可以靠流程自动化来解决。人力资源管理流程化的实质是适应企业面临的各种环境，对人力资源管理的职能进行程序化运作。

（六）凸显人力资源管理的战略地位

在新经济时代和创业经济时代，知识型人才成为企业重要的战略资源。人力资源真正成为企业的战略性资源，人力资源管理对于企业来说也将会变得越来越重要，要为企业战略目标的实现承担责任。战略人力资源管理需要跨界思维，应逐渐由传统的职能事务性向职能战略性转变，从作业性、行政性事务中解放出来，转变为关心组织发展和管理者能力的战略角色，并站在这样的角度来规划人力资源，引导人力资源行为，管理人力资源活动，不断触碰和影响企业战略，成为战略伙伴和改革推动者。

（七）人力资源管理的客户价值导向

员工就是企业的客户，企业人力资源管理的新职能就是向员工提供持续客户化的人力资源产品和服务，人力资源视员工为客户服务对象。新经济时代，企业要以新的思维来对待员工，要以营销的视角来开发组织中的人力资源。从某种意义来说，人力资源管理也是一种营销工作，即企业要站在员工需求的角度，通过提供令顾客满意的人力资源产品与服务来吸纳、留住、激励、开发企业所需要的人才。人力资源管理者要扮演工程师 + 销售员 + 客户经理的角色。人力资源管理者一方面要具有专业的知识与技能，另一方面要具有向管理者及员工推销人力资源产品与服务方案的技能。人力资源经理也是客户经理，向企业员工提供人力资源产品与服务。

（八）向人力资源外包方向发展

人力资源外包主要是指企业根据自身人力资源管理特点，逐步将一些事务性的工作，如重复度高的、不涉及企业核心机密的人力资源工作外包给专业性机构组织，并支付服务报酬。这也是企业人力资源部门在日益竞争的社会中，当自身定位变化后所发生的改变。对于一般企业来讲，人力资源外包主要有企业培训外包、企业福利津贴外包、企业招聘外包等方面。这种方式可以让企业集中自身优势特点做核心业务，使人力资源发挥最大效用；可以相对减少企业人力资源成本开支，缩小企业管理机构组织；可以让优秀的员工长期留下来，和企业一起向前发展。

第三节　人力资源管理与企业管理

一、企业战略管理

（一）战略管理的概念

战略管理就是指通过将组织的能力与外部环境要求进行匹配，从而确定和执行组织战略规划的过程。战略管理是一个过程，该过程包括界定公司业务和确定公司使命、公司SWOT分析、制订新的业务发展方向、将使命转化为战略目标、制定战略或行动方案、执行战略、评估战略实施效果等七个方面的内容。

1. 战略分析阶段

战略分析阶段是战略管理过程的前提，包括界定公司业务和确定公司使命、公司SWOT分析两个步骤。第一步是界定公司业务和确定公司使命，具体地说就是明确公司的产品和服务是什么，公司的目标客户是谁，以及公司所在行业的竞争对手及其特点。第二步是分析公司的SWOT，即分析公司内部的优势和劣势以及外部的机会和威胁。企业需要广泛搜集制定战略所需要的各种内外部信息，并通过专业分析工具对其进行梳理加工和归纳分类，从中提取企业所需要的信息。

战略分析阶段是一个“知己知彼”的阶段，明确企业目前的状况，使企业制定的战略与公司的优势、劣势、机会和威胁相吻合。

2. 战略选择阶段

战略选择阶段包括制订新的业务发展方向、将使命转化为战略目标、制定战略或行动方案三个步骤。首先是制订新的业务发展方向，企业在SWOT分析之后，需要确定新的业务领域，并通过愿景和使命来描述企业的业务范围，以及陈述企业实际上的工作内容。其次是将使命转化为具体的战略目标。最后是制定战略或行动方案。战略选择阶段实质上是战略决策过程，即对战略进行探索、制定以及选择。企业首先应弄清楚经营范围或战略经营领域，即规定企业从事生产经营活动的行业，明确企业的性质和所从事的事业，确定企业以什么样的产品或服务来满足哪一类顾客的需求。其次是明确企业在某一特定经营领域的竞争优势，即要确定企业提供的产品或服务，要在什么基础上获得超过竞争对手的优势。

3. 战略实施阶段

战略实施意味着企业要将战略转化为具体的行动。企业管理者可能要通过雇佣（或解雇）员工、建设（或关闭）工厂、增加（或减少）产品或生产线、对组织结构进行调整和对企业文化进行变革等方式来执行。

4. 战略评估和调整阶段

在实施过程中，战略并非总能按照计划按部就班地实施。因此，在战略的具体化和实施过程中，为了对实施进行控制，就需要将反馈信息与预定的战略目标进行比较，如出现偏差，就应当采取有效的措施进行纠正。若偏差是由于原来分析有误，或是环境发生了预想不到的变化而引起的，可以重新审视环境，制定新的战略方案，进行新一轮的战略管理。战略调整就是根据企业的发展变化，即参照实际的经营情况、变化的经营环境、新的思维和新的机会，及时对所制定的战略进行调整，以保证战略对企业经营管理进行有效的指导。战略调整包括调整公司的战略展望、公司的长期发展方向、公司的目标体系、公司的战略以及公司战略的执行等内容。

（二）战略类型

1. 基本竞争战略

（1）总成本领先战略

总成本领先要求企业积极地建立起达到有效规模的生产设施，在丰富经验的基础上全力以赴降低成本，抓紧对成本与管理费用的控制，以及最大限度地减少研究开发、服务、推销、广告等方面的成本费用。为了达到这些目标，有必要在管理方面对成本控制给予高度重视。尽管质量、服务以及其他方面也不容忽视，但整个战略的主题是使成本低于竞争对手。

（2）差异化战略

差异化战略是将公司提供的产品或服务差异化，形成一些在全产业范围内具有独特性的内容。实现差异化战略可以有许多方式，包括生产创新型产品、开发新技术、品牌形象设计、销售网络更新等。差异化战略并不意味着公司可以忽略成本，但此时成本不是公司首要的战略目标。

（3）目标集聚战略

目标集聚战略是主攻某个特定的顾客群、某产品的一个系列或某一个地区市场。采用这种战略的企业所采取的竞争方式通常是为特定消费者提供他们无法从其他渠道获得的产品或服务。

2. 总体战略

（1）单一业务战略

在这种情况下，企业通常只在单一市场上提供一种产品或者从事一种产品的生产。采取单一业务战略的企业成长方式有三种：一种是在现有的市场上更为积极地开展营销活动，实现现有产品市场占有率和销售额的增长；一种是在现有市场中开发出更多改良型产品来实现市场占有率增长；最后一种是采取横向一体化，即通过兼并、重组或收购的方式来达到对同一市场中竞争对手的控制。

（2）多元化战略

多元化战略是企业通过增加相关或不相关的产品线来实现扩张。相关多元化战略是企业在存在相互关联的领域增加产品线，非相关多元化战略是通过进入与公司现有业务领域不相关的产品或市场来实现多元化战略。多元化经营战略适合大中型企业，该战略能充分利用企业的经营资源，提高闲置资产的利用率，通过扩大经营范围，缓解竞争压力，降低经营成本，分散经营风险，增强综合竞争优势，加快集团化进程。但实施多元化战略应考虑选择行业的关联性、企业控制力及跨行业投资风险。

（3）纵向一体化战略

纵向一体化战略是企业通过自行生产原材料或直接销售产品的一种战略方式，可分为前向一体化战略和后向一体化战略。以面向用户为前向，获得对经销商、零售商的所有权或对其加强控制，称为前向一体化。获得对供应商的所有权或对其加强控制，称为后向一体化。

（4）收缩型战略

收缩型战略是指企业在目前的战略水平和基础上采用收缩或者撤退的战略。总体上看，收缩型战略是一种消极战略。但企业实施收缩型战略只是短期的，其根本目的是使企业经历风暴后转向其他战略。在很多情况下，这是一种迫于情势的选择，也是企业经营者不太情愿采用的一种方式。

（三）战略管理层次

企业战略一般分为总体战略、事业部战略和职能战略三个层次。

总体战略是企业战略的最高层面，它明确了企业所从事的业务组合情况以及各业务之间的关系。总体战略是以企业整体为对象，是企业的战略总纲，也是企业最高层领导指导和控制企业的行动纲领。一般来说，总体战略要解决“我们要进入多少个业务领域以及进入哪些业务领域”这样的问题。也就是说，企业应该做些什么和企业怎样发展这些业务。

事业部战略是在总体战略指导下，针对某一个特定战略单位的战略计划，明确企业应如何培养和强化公司在市场上所具有的长期竞争优势。事业部战略的重点是保证战略经营单位在其所从事的行业中或某一细分市场中的竞争地位。

职能战略是在事业部战略指导下，针对某一特定职能单位的性质制订战略执行计划。它界定了每个职能部门为帮助本业务单元实现战略目标应完成的各种活动，每个部门的职能战略都应当有助于事业部战略和总体战略的实施。职能战略的重点是如何提高企业资源利用效率，它由一系列详细的方案和计划构成，涉及企业的研发、生产、销售、人力资源和财务等各个职能领域。

总体战略、事业部战略和职能战略一起构成了企业战略体系。在企业内部，企业战略管理各个层次之间是相互联系、相互配合的。企业每一层次的战略都为下一层次的战略提供方向，并构成下一层次的战略环境，每层战略又为上一层战略目标的实现提供保障和支持。因此，企业要实现其总体战略目标，必须将三个层次的战略有效地结合起来。

二、战略人力资源管理

（一）战略人力资源管理的定义

战略人力资源管理是指确保实现企业战略目标所进行的一系列有计划的人力资源部署和管理行为。这个定义有以下四个特点。

第一，人力资源的不可替代性。人力资源是企业获取竞争优势的最重要的资源。

第二，人力资源的系统性。为了取得竞争优势而部署的人力资源的政策、实践以及手段等管理行为是系统的。

第三，人力资源的战略性（即契合性）。包括纵向的契合，即人力资源战略要与企业战略相契合，以及水平的契合，即整个人力资源战略系统之间的契合。

第四，人力资源的目标性。人力资源管理的目标是企业绩效最大化。

（二）战略人力资源管理的作用

1. 为企业获取竞争优势

企业的人力资源管理实践是竞争优势的重要来源。人力资源管理可以通过降低成本、增加产品和服务的差别为企业获得竞争优势。也就是说，有效的人力资源管理实践可以通过成本领先和产品差异化来提高公司的竞争优势。

战略人力资源管理可以通过人力资源管理实践—以雇员为中心的结果—以组织为中心的结果—竞争优势的方式来获取竞争优势。

2. 提升企业绩效

最新的战略人力资源管理研究证实了人力资源管理与企业价值之间存在密切的联系，人力资源管理已经成为评价企业实力和优劣的重要指标。

3. 服务企业战略

从战略高度看，企业如能有效利用人力资源，就能提高企业的竞争优势。越来越多的企业认识到，企业战略成功与否在很大程度上取决于人力资源职能的参与程度。在任何组织中，企业成功的先决条件是有支持组织使命和战略的人员管理系统。要构建战略人力资源管理体系，首先，企业或组织要有明确、可执行的战略目标。其次，人力资源参与战略决策过程。战略人力资源要承担战略职责，本身就是战略目标的组成部分，相关人员不参与战略制定过程、不参与决策，就很难准确理解和把握人力资源在战略中的位置，无法理解战略的组成部分与人力资源之间的相互关系，人力资源就很难成为公司战略的组成部分，也就难以承担战略职责。最后，明确人力资源与各业务系统的相互关系。人力资源与各业务系统相辅相成，各业务系统要有分工，更要有合作，才能保证战略人力资源管理体系的有效运行，才能对实现公司的战略目标形成有效支持。

（三）战略人力资源管理的职能

战略人力资源管理核心职能包括人力资源配置、人力资源开发、人力资源评价和人力资源激励四个方面的职能，从而构建科学有效的“招人、育人、用人和留人”人力资源管理机制。

战略人力资源配置的核心任务就是要基于公司的战略目标来配置所需的人力资源，根据定员标准来对人力资源进行动态调整，引进满足战略要求的人力资源，对现有人员进行职位调整和职位优化，建立有效的人员退出机制以输出不满足公司需要的人员，通过人力资源配置实现人力资源的合理流动。

战略人力资源开发的核心任务是对公司现有人力资源进行系统的开发和培养，从素质和质量上满足公司战略的需要。根据公司战略需要组织相应培训，并通过制订领导者继任计划和员工职业发展规划以使员工和公司保持同步成长。

战略人力资源评价的核心任务是对公司员工的素质能力和绩效表现进行客观的评价，一方面保证公司的战略目标与员工个人绩效得到有效结合，另一方面为公司对员工激励和职业发展提供可靠的决策依据。

战略人力资源激励的核心任务是依据公司战略需要和员工的绩效表现对员工进行激励，通过制订科学的薪酬福利和长期激励措施来激发员工潜能，使员工在为公司创造价值的基础上实现自己的价值。

第二章　人力资源规划

第一节　人力资源规划概述

一、人力资源规划概念

人力资源规划是指在依据企业的战略目标、明确企业现有的人力资源状况、科学地预测企业未来的人力资源供需状况的基础上，制定相应的政策和措施，以确保企业的人力资源不断适应企业经营和发展的需要，使企业和员工都能获得长远的利益。

要准确理解人力资源规划的概念，必须把握以下五个要点。

（一）人力资源规划是在组织发展战略和目标的基础上进行的

企业的战略目标是人力资源规划的基础，人力资源管理是组织管理系统中的一个子系统，要为组织发展提供人力资源支持，因此人力资源规划必须以组织的最高战略为目标，否则人力资源规划将无从谈起。

（二）人力资源规划应充分考虑组织外部和内部环境的变化

一方面，企业外部的政治、经济、法律、技术、文化等一系列因素的变化导致企业外部环境总是处于动态的变化中，企业的战略目标可能会不断发生变化，从而必然会引起企业内人力资源需求的变动。另一方面，在企业的发展过程中，不可避免地会出现员工的流动或工作岗位的变化，这可能会引起企业人力资源状况的变化。因此，需要对这些变化进行科学的分析和预测，使组织的人力资源管理处于主动地位，确保企业发展对人力资源的需求。

（三）人力资源规划的前提是对现有人力资源状况进行盘点

人力资源规划，首先要立足于企业现有的人力资源状况，从员工数量、年龄结构、知识结构、素质水平、发展潜力和流动规律等几个方面对现有的人力资源进行盘点，并运用科学的方法，找出目前人力资源的状况与未来需要达到的人力资源状况之间的差距，为制订人力资源规划奠定基础。

（四）人力资源规划的目标是制定人力资源政策和措施

为了适应企业发展需要，要对内部人员进行调动，就必须制定晋升和降职、外部招聘和培训，以及奖惩等方面的切实可行的政策和措施，才能实现人力资源规划目标。

（五）人力资源规划最终目的是要使企业和员工都获得长期的利益

企业的人力资源规划不仅要关注企业的战略目标，还要切实关心企业中每位员工在个人发展方面的需要，帮助员工在实现企业目标的同时实现个人目标。只有这样，企业才能留住人才，充分发挥每个人的积极性和创造性，提高每个人的工作绩效；企业才能吸引、招聘到优秀的人才，从而提高企业的竞争能力，实现企业的战略目标。

通过人力资源规划，要解决下面几个基本问题：

第一，目标是什么？回答这一问题要在明确组织目标的基础上，衡量目标和现状之间的差异，其中最大的和最重要的差异就成为组织人力资源管理的目标。确定目标要考虑哪些条件需要改变，需要采取什么标准来衡量等。

第二，如何才能实现目标？为了缩小现实与目标之间的差距，需要花费精力从事人力资源管理活动，这也是人力资源管理工作的主要内容。

第三，做得如何？在实施了人力资源管理活动后，我们需要考察企业是否达到了既定的目标。然后再回到人力资源规划的第一个问题上，重新制订规划。

二、人力资源规划的作用

人力资源规划不仅在企业的人力资源管理活动中具有先导性和战略性，而且在实施企业总体规划中具有核心的地位。具体而言，人力资源规划的作用体现在以下几个方面。

（一）有利于组织制订战略目标和发展规划

组织在制订战略目标、发展规划以及选择决策方案时，要考虑自身资源，特别是人力资源的状况。人力资源规划是组织发展战略的重要组成部分，也是实现组织战略目标的重要保证。人力资源规划帮助企业了解与分析目前组织内部人力资源余缺的情况，以及未来一定时期内的人员晋升、培训或对外招聘的可能性，有助于目标决策与战略规划。

（二）确保企业在发展过程中对人力资源的需求

企业内部和外部环境总是不断变化，这就要求企业对其人力资源的数量、质量和结构等不断进行调整，以保证工作对人的需要和人对工作的适应。企业如果不能事先对人力资源状况进行系统分析，并采取有效措施，就会受到人力资源问题的困扰。虽然较低技能的员工可以短时间内在劳动力市场获得，但是对企业经营起决定性作用的技术人员和管理人员一旦出现短缺，则无法立即找到替代人员。因此，人力资源部门必须注意分析企业人力资源需求和供给之间的差距，制订各种规划，不断满足企业对人力资源多样化的需求。

（三）有利于人力资源管理工作的有序进行

人力资源规划是人力资源管理的出发点，是人力资源管理工作的重要内容。人力资源规划具有先导性和战略性，是组织人力资源管理活动的基础，它由总体规划和各种业务计划构成，可以在为实现组织目标进行规划的过程中，为人力资源管理活动，如人员的招聘、晋升、培训等提供可靠的信息和依据，从而保证人力资源管理活动的有序进行。

（四）控制企业的人工成本和提高人力资源的利用效率

现代企业的成本中最大的是人力资源成本，而人力资源成本在很大程度上取决于人员的数量和分布情况。在企业成立初期，低工资的人员较多，人力资源成本相对较低；随着企业规模的扩大，员工数量增加，员工职位升高，工资水平提高，人力资源成本有所增加。如果没有科学的人力资源规划，可能会出现人力资源成本上升，人力资源利用效率下降的情况。因此，人力资源规划可以有计划地调整人员数量和分布状况，把人工成本控制在合理的范围内，提高人力资源的利用效率。

（五）调动员工的积极性和创造性

人力资源规划不仅是与组织有关的计划，也是与员工有关的计划。许多企业面临着员工跳槽的情况，表面上看来是因为企业无法给员工提供优厚的待遇或者晋升空间。其实是人力资源规划的空白或不足，并不是每个企业都能提供有诱惑力的薪金和福利来吸引人才，许多缺乏资金、处于发展初期的中小企业也可以吸引优秀人才并快速发展。它们根据企业自身情况，营造企业与员工共同成长的组织氛围。组织应在人力资源规划的基础上，引导员工进行职业生涯规划，让员工清晰地了解自己未来的发展方向，看到自己的发展前景，从而去积极、努力争取，调动其工作的积极性和创造性，共同实现组织的目标。

三、人力资源规划的分类

（一）按照规划的时间划分

人力资源规划按时间的长短可以分为长期规划、中期规划和短期规划。

1. 长期人力资源规划

长期人力资源规划期限一般为 5 年以上，与企业的长期总体发展目标相符，是对企业人力资源开发与管理的总目标、总方针和总战略进行的系统谋划。其特点是具有战略性和指导性，没有具体的行动方案和措施。

2. 中期人力资源规划

中期人力资源规划期限一般在 1 年以上 5 年以下，与企业中长期发展目标相符，包括对未来发展趋势的判断和对发展的总体要求。其特点是方针、政策和措施比较明确，内容较多，但没有短期人力资源规划那样具体。

3. 短期人力资源规划

短期人力资源规划是指1年或1年以内的规划，一般表现为年度、季度人力资源的规划，主要是具体的工作规划。这类规划的特点是目的明确、内容具体，有明确的行动方案和措施，具有一定的灵活性。

这种划分期限的长短并不是绝对的。对于一些企业来说，长期人力资源规划、中期人力资源规划和短期人力资源规划的期限可能比上述规定的时间更长，而对于一些企业来说期限可能会更短。这取决于企业所在行业性质和企业生命周期等因素。

（二）按照规划的范围划分

人力资源规划按照范围的大小可以分为整体规划、部门规划和项目规划。

1. 整体规划

整体规划关系到整个企业的人力资源管理活动，是属于企业层面的，在人力资源规划中居于首要位置。

2. 部门规划

部门规划是指企业各个业务部门的人力资源规划。在整体规划的基础上制订部门规划，其内容专一性强。

3. 项目规划

项目规划是指某项具体任务的计划。它是指对人力资源管理特定课题的计划，如项目经理培训计划。项目规划与部门规划不同，部门规划只是单个部门的业务，而项目规划是为某种特定的任务而制订的。

（三）按照规划的性质划分

人力资源规划按照性质的不同可以分为战略性人力资源规划和战术性人力资源规划。

1. 战略性人力资源规划

战略性人力资源规划着重于总的、概括性的战略和方针政策，具有全局性和长远性，通常是人力资源战略的表现形式。

2. 战术性人力资源规划

战术性人力资源规划一般指具体的、短期的、具有针对性的业务规划。战术性人力资源规划具有内容具体、要求明确、容易操作等特点。

四、人力资源规划的内容

（一）人力资源总体规划

人力资源总体规划是对计划期内人力资源规划结果的总体描述，包括预测的需求和供给分别是多少，做出这些预测的依据是什么，供给和需求的比较结果是什么，企业平衡需求与供给的指导原则和总体政策是什么等。人力资源总体规划包括三个方面，分别是人力资源数量规划、人力资源素质规划和人力资源结构规划。

1. 人力资源数量规划

人力资源数量规划主要解决企业人力资源配置标准的问题，它为企业未来的人力资源配置提供了依据并指明了方向。人力资源数量规划是指依据企业未来业务模式、业务流程、组织结构等因素来确定企业各部门人力资源编制以及各类职位的人员配比关系，并在此基础上制订企业未来人力资源的需求计划和供给计划。

2. 人力资源素质规划

人力资源素质规划是依据企业战略、业务模式、业务流程和组织对员工的行为要求，设计各类人员的任职资格。人力资源素质规划是企业选人、育人、用人和留人活动的基础和前提。人力资源素质规划包括企业人员的基本素质要求、人员基本素质提升计划以及关键人才招聘、培养和激励计划等。

3. 人力资源结构规划

人力资源结构规划是指依据行业特点、企业规模、战略重点发展的业务及业务模式，对企业人力资源进行分层分类、设计和定义企业职位种类与职位责权界限的综合计划。通过人力资源结构规划，理顺各层次、各类职位的人员在企业发展中的地位、作用和相互关系。

人力资源数量规划和人力资源结构规划以及人力资源素质规划是同时进行的，数量规划和素质规划都是依据结构规划进行的，因此人力资源结构规划是关键。

（二）人力资源业务规划

人力资源业务规划包括人员配备计划、人员补充计划、人员使用计划、培训开发计划、薪酬激励计划、劳动关系计划和退休解聘计划等。

1. 人员配备计划

人员配备计划是指根据组织发展规划，结合组织人力资源盘点报告，制订人员配备计划。企业中每一个职位、每一个部门的人力资源需求都有适合的规模，并且这个规模会随着企业外部环境和内部条件的变化而改变。人员配备计划就是为了确定在一定的时期内与职位、部门相适合的人员规模和人员结构。

2. 人员补充计划

人员补充计划即拟定人员补充政策，目的是使企业能够合理地、有目标地填补组织中可能产生的空缺。在组织中，常常会由于各种原因出现空缺或新职位，例如，企业规模扩大，进入新的产品领域，员工的晋升、离职、退休等情况都会产生新职位或空缺职位。为了保证企业出现的空缺职位和新职位及时得到补充，企业就需要制订人员补充计划。

3. 人员使用计划

人员使用计划包括人员晋升计划和人员轮换计划。人员晋升计划实质上是企业内部晋升政策的一种表达方式，根据企业的人员分布状况和层级结构，拟定人员晋升政策。对企业来说，有计划地提升有能力的人员，不仅是人力资源规划的重要职能，更重要的是体现了对员工的激励。晋升计划一般用晋升比例、平均年资、晋升时间等指标来评价。某一级别（如招聘主管）未来的晋升计划如表 1 所示。

表1 晋升计划范例

晋升到某级别的年资	1	2	3	4	5	6	7	8
晋升比例%	0	0	10	20	40	5	0	0
累计晋升比例%	0	0	10	30	70	75	75	75

从表 1 可以看出，晋升到某级别的最低年资是 3 年，年资为 3 年的晋升比例为 10%，4 年的为 20%，5 年的为 40%，其他年资获得晋升的比例很小或为 0。因此，调整各种指标会使晋升计划发生改变，会对员工的心理产生影响。例如，向上晋升的年资延长，就意味着员工在目前的级别上工作的时间更长；降低晋升的比例则表明不能获得晋升机会的人数增多。

人员轮换计划是为了使员工的工作更丰富、培养员工多方面的技能、激励员工的创造性而在大范围内对员工的工作岗位进行定期轮换的计划。

4. 培训开发计划

培训开发计划是为了满足企业的可持续发展，在对需要的知识和技能进行评估的基础上，有目的、有计划地对不同人员进行的培养和开发。企业实施培训开发计划，一方面可以使员工更好地胜任工作，另一方面也有助于企业吸引和留住人才。

5. 薪酬激励计划

对企业来说，制订薪酬激励计划，一方面是为了保证企业的人力资源成本与经营状况保持适当的比例关系；另一方面是为了充分发挥薪酬的激励作用。企业通过薪酬激励计划可以在预测企业发展的基础上，对未来的薪资总额进行预测，并设计未来的人力资源政策，如激励对象、激励方式的选择等，以调动员工的积极性。薪酬激励计划一般包括薪资结构、薪资水平和薪资策略等。

6. 劳动关系计划

劳动关系计划是关于减少和预防劳动争议、改进企业和员工关系的重要人力资源业务计划。劳动关系计划在提高员工的满意度、降低人员流动率、减少企业的法律纠纷、维护企业的社会形象、保障社会的稳定发展等方面发挥着重要作用。

7. 退休解聘计划

退休解聘计划是企业针对员工制订的淘汰退出机制，现代企业都不再采取终身雇佣制，但有的企业依然存在大量冗余人员。出现这样的现象是因为企业只设计了向上晋升的通道，未设计向下退出的通道，退休解聘计划就是这样的通道。晋升计划和退休解聘计划使企业的员工能上能下，能出能进，保证了企业人力资源的可持续发展。

人力资源业务计划是人力资源总体规划的拓展和延伸，它们分别从不同的角度保证了人力资源工作规划目标的实现。各项人力资源业务计划是相辅相成的，在制订人力资源业务计划时，应当注意各项业务计划之间的相互配合。例如，培训计划、使用计划和薪酬计划之间需要相互配合：当某些员工通过培训提高了能力，但企业在员工使用和薪酬方面没有相应的制度，就可能挫伤员工接受培训的积极性，甚至可能导致培训后的员工流失。

五、人力资源规划的制订程序

人力资源规划的制订是一个复杂的过程，涉及的内容比较多、人员范围比较广，需要多方面的支持与协作。因此，规范和科学的人力资源规划程序是提高企业人力资源规划质量的保证。人力资源规划的过程一般分为五个阶段，即准备阶段、预测阶段、制订阶段、执行阶段和评估阶段。

（一）准备阶段

要想做好每一项规划都必须充分收集相关信息，人力资源规划也不例外。由于影响企业人力资源供给和需求的因素有很多，为了能够准确地做出预测，就需要收集有关的信息，这些信息主要包括以下几方面内容。

1. 外部环境的信息

外部环境对人力资源规划的影响主要是两个方面。一方面企业面对的大环境对人力资源规划的影响，如社会的政治、经济、文化、法律、人口、交通状况等；另一方面劳动力市场的供求状况、人们的择业偏好、企业所在地区的平均工资水平、政府的职业培训政策、国家的教育政策以及竞争对手的人力资源管理政策等，这类企业外部的小环境同样对人力资源规划产生一定的影响。

2. 内部环境的信息

内部环境的信息也包括两个方面：一是组织环境的信息，如企业的发展规划、经营战略、生产技术以及产品结构等；二是管理环境的信息，如公司的组织结构、企业文化、管理风格、管理体系以及人力资源管理政策等，这些因素都直接决定着企业人力资源的供给和需求。

3. 现有人力资源的信息

制订人力资源规划，要立足于人力资源现状，只有及时准确地掌握企业现有人力资源的状况，人力资源规划才有意义。因此，需要借助人力资源信息管理系统，以便能够及时和准确地提供企业现有人力资源的相关信息。现有的人力资源信息主要包括：①个人自然情况；②录用资料；③教育和培训资料；④工资资料；⑤工作执行评价；⑥工作经历；⑦服务与离职资料；⑧工作态度调查；⑨安全与事故资料；⑩工作环境资料，以及工作与职务的历史资料等。

（二）预测阶段

人力资源预测阶段分为人力资源需求预测和人力资源供给预测，这个阶段的主要任务是在充分掌握信息的基础上，选择有效的人力资源需求预测和供给预测的方法，分析与判断不同类型的人力资源供给和需求状况。在整个人力资源规划中，这是最关键也是难度最大的一部分，直接决定了人力资源规划的成败，只有准确地预测出供给与需求，才能采取有效的平衡措施。

1. 人力资源需求预测

人力资源需求预测主要是根据企业的发展战略和企业的内外部条件选择预测方法，然后对人力资源的数量、质量和结构进行预测。在预测过程中，预测者及其管理能力与预测得准确与否关系重大。一般来说，商业因素是影响员工需要类型、数量的重要变量，预测者通过分析这些因素，并且收集历史资料作为预测的基础。从逻辑上讲，人力资源需求是产量、销量、税收等的函数，但对不同的企业或组织，每一个因素的影响并不相同。

2. 人力资源供给预测

人力资源供给预测也称人员拥有量预测，只有进行人员拥有量预测并把它与人员需求量相对比之后，才能制订具体的规划。人力资源供给预测包括两部分：一部分是内部拥有量预测，即根据现有人力资源及未来变动情况，预测出规划各时间点上的人员拥有量；另一部分是对外部人力资源供给量进行预测，确定在规划各时间点上的各类人员的可供量。

3. 确定人员净需求

在完成人力资源需求预测和人力资源供给预测后，需要把组织中的人力资源需求与组织内部人力资源供给进行对比分析，可以从比较分析中测算出各类人员的净需求数。若这个净需求数是正数，则表明组织要招聘新的员工或对现有员工进行有针对性的培训；若这个净需求数是负数，则表明组织在这方面的人员是过剩的，应该精简或对员工进行调配。这里所说的“人数净需求”包括人员的数量、人员的质量和人员的结构，这样就可以有针对性地制订人力资源目标和人力资源规划。

（三）制订阶段

在收集相关信息和分析了人力资源供需的基础上，就可以制订人力资源规划了。人力资源规划的制订阶段是人力资源规划整个过程的实质性阶段，包括制订人力资源目标和人力资源规划的内容两个方面。

1. 人力资源目标

人力资源目标是企业经营发展战略的重要组成部分，并支撑企业的长期规划和经营计划。人力资源目标以企业的长期规划和经营规划为基础，从全局和长期的角度来考虑企业在人力资源方面的发展和要求，为企业的持续发展提供人力资源保证。人力资源目标应该是多方面的，涉及人力资源管理各项活动，人力资源目标应该满足 SMART 原则：①目标必须是具体的（Specific）；②目标必须是可以衡量的（Measurable）；③目标必须是可以达到的（Attainable）；④目标必须和其他目标具有相关性（Relevant）；⑤目标必须具有明确的期限（Time-based）。例如：在今后 3 年内将从事生产操作的人员减少 30%，从事销售的人员增加 20%；在本年度，每位中层人员接受培训的时间要达到 40 小时以上；通过为期两周的脱产培训，使操作工人掌握这项技能，生产的产品合格率达到 99% 以上等。

2. 人力资源规划内容

人力资源规划内容包括人力资源总体规划和人力资源业务规划。人力资源总体规划包括：人力资源数量规划、人力资源素质规划和人力资源结构规划；人力资源业务规划包括：人员配备计划、人员补充计划、人员使用计划、培训开发计划、薪酬激励计划、劳动关系计划和退休解聘计划等。在制订人力资源业务规划内容时，应该注意两个问题。第一，应该具体明确，具有可操作性。如人员补充计划应该包括，根据企业的发展战略需要引进人才的数量和质量，引进人才的时间和需要增加的预算，其他相关问题等。第二，业务性人力资源规划涉及人力资源管理的各个方面，如人员补充计划、人员使用计划、人员培训计划等，由于这些计划是相互影响的，在制订时要充分考虑各项计划的协调问题。例如，人员培训计划会使员工的素质通过培训得到提高，工作绩效有所改善，但如果其报酬没有改变，就会使员工觉得培训是浪费时间，从而挫伤其参加培训的积极性。制订人员培训计划时应考虑人员使用计划和薪酬激励计划之间的关系，因此各项人力资源业务计划应该相互协调，避免相互冲突。

（四）执行阶段

制订人力资源规划并不是企业的最终目的，最终目的是执行人力资源规划。人力资源规划的执行是企业人力资源规划的一项重要工作，人力资源规划执行是否到位，决定整个人力资源规划是否成功。人力资源规划一经制订，就要付诸实施，在人力资源规划的实施阶段，需要注意两个方面的问题：一方面确保有具体的人员来负责既定目标的达成，同时还要确保实施人力资源规划方案的人拥有达成这些目标所具有的权力和资源；另一方面还需要注意的是，定期得到关于人力资源规划执行情况的进展报告，以保证所有的方案都能够在既定的时间里执行到位。

（五）评估阶段

对人力资源规划实施的效果进行评估是整个规划过程的最后一步，由于预测不可能做到完全准确，人力资源规划也不是一成不变的，它是一个开放的动态系统。人力资源规划的评估包括两层含义：一是指在实施的过程中，要随时根据内外部环境的变化来修正供给和需求的预测结果，并对平衡供需的措施做出调整；二是指要对预测的结果以及制订的措施进行评估，对预测的准确性和措施的有效性做出衡量，找出其中存在的问题以及有益的经验，为以后的规划提供借鉴和帮助。人力资源规划进行评估应注意以下几个问题：①预测所依据信息的质量、广泛性、详尽性、可靠性；②预测所选择的主要因素的影响与人力资源需求的相关度；③人力资源规划者熟悉人事问题的程度以及对其的重视程度；④人力资源规划者与提供数据和使用人力资源规划的人事、财务部门以及各业务部门经理之间的工作关系；⑤有关部门之间进行信息交流的难易程度；⑥决策者对人力资源规划中提出的预测结果、行动方案和建议的利用程度；⑦人力资源规划在决策者心目中的价值；⑧人力资源各项业务规划实施的可行性。

第二节　人力资源的供需预测

一、人力资源需求预测

人力资源需求预测就是为了实现企业的战略目标，根据企业所处的外部环境和内部条件，选择适当的预测技术，对未来一定时期内企业所需人力资源的数量、质量和结构进行预测。在进行人力资源需求预测之前，先要确定岗位是否有必要存在，该工作的定员数量是否合理，现有工作人员是否具备该工作所要求的条件，未来的生产任务、生产能力是否可能发生变化等。

（一）影响企业人力资源需求的因素

企业对人力资源的需求受到诸多因素的影响，归结起来主要分为两类：企业内部因素和企业外部环境。

1. 企业内部因素

（1）企业规模的变化

企业规模的变化主要来自两个方面：一是在原有的业务范围内扩大或压缩规模；二是增加新的业务或放弃旧的业务。这两个方面的变化都会对人力资源需求的数量和结构产生影响。企业规模扩大，则需要的人力就会增加，新的业务更需要掌握新技能的人员；企业规模缩小，则需要的人力也将减少，于是就会发生裁员，导致员工失业。

（2）企业经营方向的变化

企业经营方向的调整，有时并不一定导致企业规模的变化，但对人力资源的需求会发生改变。比如，军工产业转为生产民用产品，就必须增加市场销售人员，否则将无法适应多变的民用市场。

（3）技术、设备条件的变化

企业生产技术水平的提高、设备的更新，一方面会使企业所需人员的数量减少；另一方面对人员的知识、技能的要求也会提高，也就是所需人员的质量要提高。

（4）管理手段的变化

如果企业采用先进的管理手段，会使企业的生产率和管理效率提高，从而引起企业人力资源需求的变化。比如，企业使用计算机信息系统来管理企业的数据库，企业的工作流程必定会简化，人力资源的需求也会随之减少。

（5）人力资源自身状况

企业人力资源状况对人力资源需求也存在重要的影响。例如，人员流动比例的大小会直接影响企业对人力资源的需求。人员流动比例反映企业中由于辞职、解聘、退休及合同期满而终止合同等原因引起的职位空缺情况。此外，企业人员的劳动生产率、工作积极性、人才的培训开发等也会影响企业对人力资源的需求。

2. 企业外部环境

外部环境对企业人力资源需求的影响，大多是通过企业内部因素起作用的。影响企业人力资源需求的外部环境主要包括经济、政治、法律、技术、竞争对手、顾客需求等。例如，经济的周期性波动会引起企业战略或规模的变化，进而引起人力资源需求的变化；竞争对手之间的人才竞争会直接导致企业人才的流失；顾客的需求偏好发生改变会引起企业经营方向的改变，进而也会引起人力资源需求的变化。

（二）人力资源需求预测的方法

人力资源需求预测方法包括定性预测法和定量预测法两大类。

1. 定性预测法

（1）管理人员经验预测法

管理人员经验预测法是凭借企业的管理者所拥有的丰富经验甚至是个人的直觉来预测企业未来的人力资源需求。例如，根据前期工作任务的完成情况，结合下一期的工作任务量，管理人员就可以预测未来的人员需求。它是一种比较简单的方法，完全依靠管理者的经验和个人能力，预测结果的准确性不能保证，通常用于短期预测。同时，当企业所处的环境较为稳定、组织规模较小时，单独使用此方法，可以迅速得出预测结论，获得满意的效果；在企业所处环境复杂、组织规模较大的情况下，往往需要与其他预测方法结合使用。

（2）分合预测法

分合预测法是一种较为常用的人力资源需求的预测方法，包括自上而下、自下而上两种方式：①自上而下的方式，是由企业的高层管理者先初步拟定组织的总体用人目标和计划，然后逐级下达到各部门和单位，在各个部门和单位内进行讨论和修改，再将各自修改后的意见逐级汇总反馈给企业高层管理者，高层管理者据此对总体计划做出调整，最后公布正式的用人计划；②自下而上的方式，是企业的高层管理者首先要求各个部门和单位根据各自的工作任务、技术设备的状况等，对本部门的人员需求进行预测，在此基础上对各部门、单位提供的预测数进行调整，从中预测出整个组织在一定时期内的人员需求状况。

通常情况下，是将两种方式结合运用。分合预测法能够使企业各层管理者参与人力资源规划的制订，根据本部门的实际情况确定较为合理的人力资源规划，调动他们的积极性。但是，这种方法受企业各层管理者的知识、经验、能力、心理成熟度的限制，长期的人员需求预测不是很准确。因此，分合预测法是一种中短期的人力资源需求预测的方法。

（3）德尔菲法

德尔菲法，又称专家调查法，最早由美国兰德公司在 20 世纪 40 年代末创立。德尔菲法在创立之初被专门用于技术预测，后来才逐渐扩展到了其他领域，成为专家们对影响组织发展的某一问题的看法达成一致意见的结构化方法。德尔菲法的特征体现在几个方面：①吸引专家参与预测，充分利用专家的经验和学识；②采用匿名或背靠背的方式，使每一位专家独立、自由地做出判断；③预测过程多次反馈，使专家们的意见逐渐趋同。

德尔菲法用于企业人力资源需求预测的具体操作步骤如下：①确定预测的目标，由主持预测的人力资源管理部门确定关键的预测方向、相关变量和难点，列举出必须回答的有关人力资源预测的问题；②挑选各个方面的专家，每位专家都要拥有人力资源预测方面的某种知识或专长；③人力资源部门向专家们发出问卷和相关材料，使他们在背靠背的情况下，独立发表意见；④人力资源部门将专家们的意见集中、归纳，并将归纳的结果反馈给他们；⑤专家们根据归纳的结果进行重新思考，修改自己的意见；⑥重复进行第四步和第五步，直到专家们的意见趋于一致，通常这一过程需要 3 ～ 4 轮，如图 2 所示。

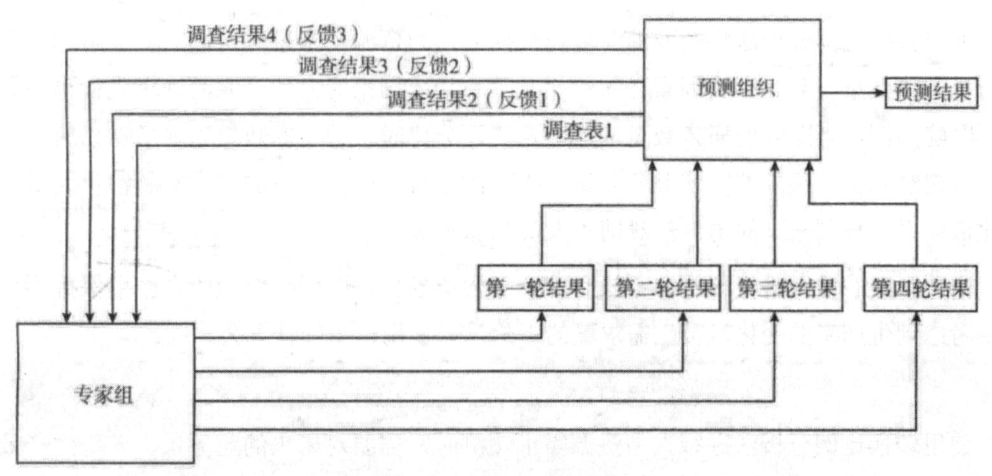

图 2　德尔菲法预测过程

德尔菲法的优点是可以集思广益，并且可以避免群体压力和某些人的特殊影响力，对影响人力资源需求各个方面的因素有比较全面、综合的考虑；缺点是花费时间较长、费用较大。因此，这种方法适用于长期的、趋势性的预测，不适用于短期的、日常的和比较精确的人力资源需求预测。

2. 定量预测法

（1）趋势分析法

趋势分析法是利用组织的历史资料，根据某个因素的变化趋势预测相应的人力资源需求。如根据某公司的销售以及历史上销售额与人力资源需求的比例关系，确定相对合理的未来比例，然后根据未来销售额的变化趋势来预测人力资源需求。这种方法有两个前提：第一，假定企业的生产技术构成基本不变，这样单位产品的人工成本才能大致保持不变，并以产品数量的增减为根据来推测人员需求数量；第二，假定市场需求基本不变，在市场需求变化不大的情况下，人员数量与其他变量如产量的关系才容易分析出来。

趋势分析法的操作步骤如下：①选择相关变量。确定一种与劳动力数量和结构相关性最强的因素作为相关变量，通常选择销售额或生产率等。②分析相关变量与人力资源需求的关系。分析此因素与所需员工数量的比例，形成一种劳动率指标，例如，生产量 / 人或生产量 / 时等。③计算生产率指标。根据以往 5 年或 5 年以上的生产率指标，求出平均值。④计算所需人数。用相关变量除以劳动生产率得出所需人数。

（2）转换比例分析法

转换比例分析法是根据以往的经验，把企业未来的业务量转化为人力资源需求量的预测方法。

转换比例分析法的操作步骤如下：①确定企业未来的业务量，根据以往的经验估计与企业的业务规模相适应的关键技能员工的数量；②再根据关键技能员工的数量估计辅助人员的数量；③加和得出企业人力资源总需求量。

使用转换比例分析法将企业的业务量转换为人力资源需求量时，通常要以组织已有的人力资源的数量与某个影响因素之间的相互关系为依据来对人力资源的需求进行预测。以一所医院为例，当医院的病床数量增加一定的百分比时，护士的数量也要增加相应的百分比，否则难以保证医院的医疗服务质量。类似的还有，根据过去的销售额和销售人员之间的比例关系，预测未来的销售额对销售人员的需求量。

需要指出的是，转换比例分析法有一个隐含的条件，即假设组织的生产率保持不变，如果考虑到生产率的变化对员工需求量的影响，可使用以下的计算公式：

$$计划期所需员工数量=\frac{目前业务量+计划期业务量}{前人平均业务量\times(1+生产率增长率)}$$

使用转换比例分析法进行人力资源需求预测时，需要对未来的业务量、人均生产效率及其变化做出准确预测，这样对未来人力资源需求的预测才会比较符合实际。

（3）回归分析法

由于人力资源的需求总受到某些因素的影响，回归分析法的基本思路就是要找出那些与人力资源需求关系密切的因素，并依据以往的相关资料确定它们之间的数量关系，建立回归方程，然后再根据这些因素的变化以及确定的回归方程来预测未来的人力资源需求。使用回归分析法的关键是要找出那些与人力资源需求高度相关的变量，才能建立回归方程。

根据回归方程中变量的数目，可以将回归预测分为一元回归预测和多元回归预测两种。一元回归涉及一个变量，建立回归方程时相对比较简单；而多元回归涉及的变量较多，所以建立方程时要复杂得多，但是它考虑的因素也比较全面，预测的准确度往往要高于前者。由于曲线关系的回归方程建立起来比较复杂，为了方便操作，在实践中经常采用线性回归方程来进行预测。

二、人力资源供给预测

人力资源供给预测也称为人员拥有量预测，是预测在某一时期组织内部所能供应的或经培训可能补充的，以及外部劳动力市场所提供的一定数量、质量和结构的人员，以满足企业为实现目标而产生的人员需求。

人力资源供给预测与人力资源需求预测存在重要的差别：人力资源需求预测只研究组织内部对人力资源的需求，而人力资源供给预测必须同时考虑组织内部供给和外部供给两个方面。对人力资源的需求做出了预测之后，就要对组织的人力资源可得性进行确认。

（一）企业内部人力资源供给

企业内部人力资源供给预测主要分析计划期内将有多少员工留在目前的岗位上，有多少员工流动到其他的岗位上，又有多少员工会流出企业。

1. 影响企业内部人力资源供给的因素

（1）现有人力资源的运用情况

企业现有人力资源的运用情况包括：员工的工作负荷程度、员工出勤状况、工时利用状况，以及部门之间的分工是否平衡等。例如，员工的缺勤情况严重而不能有效改善，就会影响企业内部人力资源的供给。

（2）企业人员流动状况

在收集和分析有关内部劳动力供应数据时，企业内部人员流动率将对劳动力供给产生很大影响。人员流动率的数据包括：晋升率、降职率、轮岗率、离职率。企业人员的流动率可以根据历史数据与人力资源管理经验来预测，通过分析规划期内可能流出和流入的人数与相应类型及企业内部劳动力市场的变动情况，判断未来某个时点或某时期内可提供的人力资源数量。

（3）员工的培训开发状况

根据企业的经营战略，针对企业未来可能需要的不同技能类型的员工提供有效的员工开发和培训，可以改善企业目前的人力资源状况，使企业人力资源的质量、结构更能适应未来的发展需要。从人力资源满足企业发展的有效性来看，通过减少企业冗余的人力资源可以增加人力资源的内部供给。

2. 内部人力资源供给预测的方法

（1）人员接替法

人员接替法就是对组织现有人员的状况做出评价，然后对他们晋升或者调动的可能性做出判断，以此来预测组织潜在的内部供给。这样当某一职位出现空缺时，就可以及时地进行补充。在置换图中，要给出职位名称，现任员工姓名、年龄、业绩评价，职位晋升或转移的可能性。人员接替法的操作步骤如下：①确定人员接替计划包括的岗位范围；②确定各个岗位上的接替人选；③评价接替人选当前的工作绩效和晋升潜力；④了解接替人选的职业发展需要，并引导其将个人目标与组织目标结合起来。

根据人员接替置换图可以看出，某一具体职位的继任者有哪些。例如，从图 4 中可以看出，总经理孙某的继任者有 3 个，即王某、刘某某和顾某某。但只有王某具备继任的资格和能力，刘某某需要继续锻炼和培训，而顾某某连现在的工作都不能胜任。还可以继续向下延伸，通过人员接替置换图可以清楚地看到组织中职位的空缺及员工补充的情况，从而为内部人力资源供给预测提供依据。

（2）人力资源“水池”模型

该模型是在预测组织内部人员流动的基础上来预测人力资源的内部供给，它与人员接替法有些类似，不同的是人员接替法是对员工进行分析，而且预测的是潜在的供给。“水池”模型则是从职位出发进行分析，预测的是未来某一时间现实的供给，并且涉及的面更广。这种方法一般要针对具体的部门、职位层次或职位类别来进行，由于它要在现有人员的基础上通过计算流入量和流出量来预测未来的供给，这就如同计算一个水池的蓄水量，因此称为“水池”模型。人力资源“水池模型”的操作步骤如下：①明确每个职位层次对员工的要求和需要的员工人数；②确定达到职位要求的候选人，或者经过培训后能胜任职位的人；③把各职位的候选人情况与企业员工的流动情况综合起来考虑，控制好员工流动方式与不同职位人员接替方式之间的关系，对企业人力资源进行动态管理。

对企业中各职位层次员工的供给预测，可以使用以下公式：

未来内部供给量 = 现有员工数量 + 流入总量 - 流出总量

对每一层次的职位来说，人员流入有平行调入、上级职位降职和下级职位晋升；流出有向上级职位晋升、向下级职位降职、平行调出、离职和退休。对所有层次分析完，将它们合并在一张图中，就可以得出未来组织各个层次职位的内部供给量以及总的供给量。

（3）马尔科夫转换矩阵法

马尔科夫转换矩阵法是运用统计学原理预测组织内部人力资源供给的方法。马尔科夫转换矩阵法的基本思想是找出过去人员流动的规律，以此推测未来的人员流动趋势，其基本假设是过去内部人员流动的模式和概率与未来大致相同。运用这种方法预测人员供给时，需要建立人员变动矩阵表，它主要是指某个人在某段时间内，由一个职位调到另一个职位（或离职）的概率，马尔科夫转换矩阵可以清楚地分析企业现有人员的流动（如晋升、调换岗位和离职）情况。

（二）企业外部人力资源供给

当企业内部的人力资源供给无法满足需要时，企业就需要从外部获取人力资源。企业外部人力资源供给预测主要是预测未来一定时期，外部劳动力市场上企业所需人力资源的供给情况。企业外部人力资源供给依赖于劳动力市场的状况，其影响因素主要有以下几个方面。

1.影响企业外部人力资源供给的因素

（1）宏观经济形势

劳动力市场的供给状况与宏观经济形势息息相关。宏观经济形势越好，失业率越低，劳动力供给越紧张，企业招募越困难；反之亦然。

（2）全国或本地区的人口状况

影响人力资源供给的人口状况包括：①人口总量和人力资源率。人口总量越大，人力资源率越高，人力资源的供给就越充足。②人力资源的总体构成。这是指人力资源在性别、年龄、教育、技能、经验等方面的构成，它决定了不同层次和类别上可以提供的人力资源数量和质量。

（3）劳动力的市场化发育程度

劳动力市场化程度越高，越有利于劳动力自由进入市场，以及市场工资率导向的劳动力合理流动，从而消除人为因素对劳动力流动的限制，增强人力资源供给预测的客观性和准确性。

（4）政府的政策和法规

政府的政策和法规是影响外部人力资源供给的不可忽视的因素，如关于公平就业机会的法规、保护残疾人就业的法规、禁止使用童工的法规、教育制度变革等。

（5）地域特点

公司所在地或公司本身对人们的吸引力，也是影响人力资源供给的重要因素。例如：北京、上海、广州等大城市的公司和世界500强企业对人才更有吸引力。

2. 外部人力资源供给预测的方法

（1）文献法

文献法是指根据国家的统计数据或有关权威机构的统计资料进行分析的方法。企业可以通过国家和地区的统计部门、劳动人事部门出版的年鉴和发布的报告，以及利用互联网来获得这些数据或资料。同时，企业还应及时关注国家和地区的有关法律、政策的变化情况。

（2）市场调查法

企业可以就自身所关注的人力资源状况进行调查。企业可以与猎头公司、人才中介公司等专门机构建立长期的联系，还可以与相关院校建立合作关系，跟踪目标生源的情况等。

（3）对应聘人员进行分析

企业可以通过对应聘人员和已雇用的人员进行分析得到未来外部人力资源供给的相关信息。

三、人力资源供需平衡

组织中人力资源需求与人力资源供给相等时，称为人力资源供需平衡；若两者不等时，称为人力资源供需不平衡。人力资源供需不平衡存在三种情况：人力资源供大于求，出现预期人力资源过剩的情况；人力资源供小于求，出现预期人力资源短缺的情况；人力资源供需数量平衡，结构不平衡的情况。人力资源供需之间三种不平衡的情况都会给企业带来相应的问题。例如，当人力资源供大于求时，会导致企业内人浮于事，内耗严重，生产成本上升而工作效率下降；当人力资源供小于求时，企业设备闲置，固定资产利用率低。这些问题都会影响企业战略目标的实现，削弱企业的竞争优势，最终影响企业的持续发展。人力资源供需平衡就是根据人力资源供需之间可能出现的问题，采取相应的措施，实现企业未来的人力资源供需之间的平衡。

（一）预期人力资源短缺时的政策

1. 外部招聘

外部招聘是最常用的人力资源缺乏的调整方法。当人力资源总量缺乏时，采用此种方法比较有效。根据组织的具体情况，面向社会招聘所需人员，如果企业需求是长期的，一般招聘一些全职员工；如果企业需求是暂时的，就可以招聘一些兼职员工和临时员工，以补充企业人力资源短缺的现象。

2. 延长工作时间

在符合国家劳动法律法规的前提下，延长员工的工作时间，让员工加班，并支付相应的报酬，以应对人力资源的短期不足。延长工作时间可有效地节约福利开支，减少招聘成本，而且可以保证工作质量。但是，延长工作时间只能补充短期的人力资源不足，而不能长期采用此政策，如果长期使用会导致员工过度劳累而增加员工的工作压力和疲劳程度，反而会降低工作效率。

3. 培训后转岗

对组织现有员工进行必要的技能培训，使其不仅能适应当前的工作，还能进行转岗或适应更高层次的工作，能够将企业现有的人力资源充分利用起来，以补充人力资源不足；此外，如果企业即将出现经营转型，给员工培训新的业务知识和工作技能，以便在企业转型后，保证原有的员工能够胜任新的岗位。

4. 业务外包

根据组织自身的情况，将较大范围的工作或业务承包给外部的组织去完成。通过外包，组织可以将业务交给那些更有优势的人去做，从而提高效率，减少成本，减少组织内部对人力资源的需求。

5. 技术创新

组织可以通过改进生产技术、增加新设备、调整工作方式等，以提高劳动生产率。比如，企业引进机器人参与生产流水线工作，可以大大降低对人力资源的需求；企业使用计算机信息系统来管理企业的数据库，工作流程必定会简化，人力资源的需求也会随之减少。

预期人力资源短缺时的政策在实际的使用过程中，其解决问题的程度和可撤回的程度都不一样，本书在这里进行了比较，如表 2 所示。

表2　预期人力资源短缺时的政策比较

预期人力资源短缺时的政策	解决问题的程度	可撤回的程度
外部招聘	慢	低
延长工作时间	快	高
培训后转岗	慢	高
业务外包	快	高
技术创新	慢	低

（二）预期人力资源过剩时的政策

1. 提前退休

组织可以适当放宽退休的年龄和条件，促使更多的员工提前退休。如果退休的条件足够有吸引力，会有更多的员工愿意接受提前退休。提前退休使组织减少员工比较容易，但组织也会由此背上比较重的包袱，而且退休也可能受政府有关政策法规的限制。

2. 自然减员

自然减员指当出现员工退休、离职等情况时，对空闲的岗位不进行人员补充而达到自然减少员工的目的。这样做可以不通过竞争减员而减少组织内部的人员供给，从而达到人力资源供求平衡。

3. 临时解雇

临时解雇指企业的一部分员工暂时停止工作或离开工作岗位，企业在这段时间里不向这部分员工支付工资的行为。当企业的经营状况改善后，被临时解雇的员工再重新回到企业工作。如果企业所处的行业经济态势呈周期性的下滑时，临时解雇是一种合理的缩减人员规模的策略。

4. 裁员

裁员是一种最无奈，但最有效的方式。一般裁减那些主动离职的员工和工作考核绩效低的员工。但是，要注意的是，即使在西方市场经济国家，采取这种方法也是十分谨慎的，因为它不仅涉及员工本人及其家庭的利益，而且也会对整个社会产生影响。在进行裁员时，企业除了要遵守劳动法律法规进行裁员外，还要做好被裁员工的安抚工作。

5. 工作分担

工作分担指由两个人分担一份工作，比如一个员工周一至周三工作，另一个员工周四至周五工作。这种情况一般是由于企业临时性的经营状况不佳，在不裁员的情况下实行工作分担制，待企业经营状况好转时，再恢复正常的工作时间。

6. 重新培训

当企业人力资源过剩时，企业组织员工进行重新培训，可以避免员工因为没有工作做而无所事事，待企业经营状况好转或经营方向转变时，能够有充足的人力资源可以利用。

预期人力资源过剩时的政策在实际的使用过程中，其解决问题的程度和员工受到伤害的程度也不一样。例如，裁员比自然减员解决问题的速度要快得多，但对于员工来说，裁员带来的经济和心理方面的损害要比自然减员严重得多。本书在这里进行了比较，如表3所示。

表3　预期人力资源过剩时的政策比较

预期人力资源过剩时的政策	解决问题的程度	员工受到伤害的程度
提前退休	慢	低
自然减员	慢	低
临时解雇	快	中
裁员	快	高
工作分担	快	中
重新培训	慢	低

（三）预期人力资源总量平衡而结构不平衡时的政策

人力资源总量平衡而结构不平衡是指未来一定时期内企业人力资源的总需求量与总供

给量基本吻合，但是存在着某些职位的人员过剩，而另一些职位的人员短缺，或者某些技能的人员过剩，而另一些技能的人员短缺等情况。面临这种形式的人力资源供求失衡时，企业可以考虑采用以下政策和措施进行调节。

第一，通过企业人员的内部流动，如晋升和调任，以补充空缺职位，满足这部分人力资源的需求。

第二，对于过剩的普通人力资源，进行有针对性的培训，提高他们的工作技能，使他们转变为人员短缺岗位上的人才，从而补充到空缺的岗位上去。

第三，招聘和裁员并举，补充企业急需的人力资源，释放一些过剩的人力资源。

第三节　人力资源规划的执行与控制

一、人力资源规划的执行

人力资源规划过程中所制定的各项政策和方案，最终都要付诸实施，以指导企业具体的人力资源管理实践，这才是完整的人力资源规划职能。

（一）规划任务的落实

人力资源规划实施的成功与否取决于组织全体部门和员工参与的积极性。因此，通过规划目标和方案的分解与细化，可以使每个部门和员工明确自己在规划运行过程中的地位、任务和责任，从而得到每个部门和员工的支持而顺利实施。

1. 分解人力资源规划的阶段性任务

通过设定中长期目标，使人力资源规划目标具体到每一阶段、每一年应该完成的任务，并且必须定期形成报告，以确保所有的方案都能够在既定的时间完成，也使规划容易实现，有利于在实施过程中的监督、控制和检查。

2. 人力资源规划任务分解到责任人

人力资源规划的各项任务必须由具体的人来实施，使每一个部门和员工都能够了解本部门在人力资源规划中所处的地位，从而积极主动地配合人力资源管理部门。现代人力资源管理工作不仅仅是人力资源管理部门的任务，也是各部门经理的责任，人力资源规划也是如此。人力资源规划应由具体的部门或团队负责，可以考虑以下几种方式。

第一，由人力资源部门负责办理，其他部门与之配合；

第二，由某个具有部分人事职能的部门与人力资源部门协同配合；

第三，由各部门选出代表组成跨职能团队。

在人力资源规划执行过程中，各部门必须通力合作而不是仅靠负责规划的部门推动，人力资源规划同样也是各级管理者的责任。

（二）资源的优化配置

人力资源规划的顺利实施，必须确保组织人员（培训人员和被培训人员）、财力（培训费用、培训人员脱岗培训时对生产的影响）、物力（培训设备、培训场地）发挥最大效益，这就必须对不同的人力资源进行合理配置，从而促进资源的开发利用，并通过规划的实施使资源能够优化配置，提高资源的使用效率。

二、人力资源规划实施的控制

为了能够及时应对人力资源规划实施过程中出现的问题，确保人力资源规划能够正确实施，有效地避免潜在劳动力短缺或劳动力过剩，需要有序地按照规划的实施控制进程。

（一）确定控制目标

为了能对规划实施过程进行有效控制，首先需要确定控制的目标。设定控制目标时要注意：控制目标既能反映组织总体发展战略目标，又能与人力资源规划目标对接，反映组织人力资源规划实施的实际效果。在确定人力资源规划控制目标时，应该注意控制体系，通常由总目标、分目标和具体目标组成。

（二）制订控制标准

控制标准是完整的体系，包含定性控制标准和定量控制标准两种。定性控制标准必须与规划目标相一致，能够进行总体评价。例如，人力资源的工作条件、生活待遇、培训机会、对组织战略发展的支持程度等。定量控制标准应该能够计量和比较。例如，人力资源的发展规模、结构、速度等。

（三）建立控制体系

实施人力资源规划控制，必须有完整、可以及时反馈、准确评价和及时纠正的体系。该体系能够从规划实施的具体部门和个人那里获得规划实施情况，并迅速传递到规划实施管理控制部门。

（四）衡量评价实施成果

该阶段的主要任务是将处理结果与控制标准进行衡量评价，解决问题的方式主要有：一是提出完善现有规划的条件，使规划目标得以实现；二是对规划方案进行修正。当实施结果与控制标准一致时，无须采取纠正措施；当实施结果超过控制标准时，提前完成人力资源规划的任务，应该采取措施防止人力资源浪费现象的发生；当实施结果低于控制标准时，需要及时采取措施进行纠正。

（五）采取调整措施

当通过对规划实施结果的衡量、评价，发现结果与控制标准有偏差时，就需要采取措施进行纠正。该阶段的主要工作是找出问题的原因，例如，规划实施的条件不够，实施规划的资源配置不力等，要根据实际情况做出相应的调整。

三、人力资源信息系统的建立

人力资源规划属于分析与预测工作，需要大量的信息支持，有效的信息收集和处理会大大提高人力资源规划的质量和效率。因此，企业进行人力资源信息管理工作具有重要的意义。

（一）人力资源信息系统概述

1.人力资源信息系统的概念

人力资源信息系统（HRIS）是企业进行有关员工的基本信息及工作方面的信息收集、保存、整理、分析和报告的工作系统，为人力资源管理决策的制订和实施服务。人力资源信息系统对于人力资源规划的制订是非常重要的，而且人力资源规划的执行同样离不开人力资源信息系统。

随着企业人力资源管理工作的日益复杂，人力资源信息系统涉及的范围越来越广，信息量也越来越大，并与企业经营管理其他方面的信息管理工作相联系，成为结构复杂的管理系统。企业的人力资源信息系统主要有两个目标：第一个目标是通过对人力资源信息的收集和整理提高人力资源管理的效率；第二个目标是有利于人力资源规划。人力资源信息系统可以为人力资源规划和管理决策提供大量的相关信息，而不是仅仅依靠管理人员的经验和直觉。

2.人力资源信息系统的内容

（1）完备的组织内部人力资源数据库

这其中包括企业战略、经营目标、常规经营信息，以及组织现有人力资源的信息。根据这些内容可以确定人力资源规划的框架。

（2）企业外部的人力资源供求信息和影响这些信息的变化因素

例如，外部劳动力市场的行情和发展趋势、各类资格考试的变化信息、政府对劳动用工制度的政策和法规等，这些信息的记录有利于分析企业外部的人力资源供给。

（3）相关的软硬件设施

这包括专业的技术管理人员、若干适合人力资源管理的软件和计量模型、高效的计算机系统和相关的网络设施等，这些是现代化的人力资源信息系统的物质基础。

3. 人力资源信息系统的功能

（1）为人力资源规划建立人力资源档案

利用人力资源信息系统的统计分析功能，组织能够及时、准确地掌握内部员工的相关信息，如员工数量和质量、员工结构、人工成本、培训支出及员工离职率等，确保员工数据信息的真实性，从而有利于更科学地开发与管理组织人力资源。

（2）通过人力资源档案制定人力资源政策和进行人力资源管理的决策

例如，晋升人选的确定、对特殊项目的工作分配、工作调动、培训，以及工资奖励计划、职业生涯规划和组织结构分析。

（3）达到组织与员工建立协作关系的目的

以信息技术为平台的人力资源信息系统，更着眼于实现组织员工关系管理的自动化和协调化，该系统使组织各层级、各部门间的信息交流更直接、及时、有效。

（二）人力资源信息系统的建立

1. 对系统进行全面的规划

首先，要使企业的全体员工对人力资源信息系统的概念有充分的了解，保证人力资源管理部门对人力资源管理流程有清晰的认知；其次，考虑人事资料的设计和处理方案；最后，做好系统开发的进度安排，建立完备的责任制度和规范条例等。

2. 系统的设计

人力资源信息系统的设计包括分析现有的记录、表格和报告，明确对人力资源信息系统中数据的要求；确定最终的数据库内容和编排结构；说明用于产生和更新数据的文件保存与计算过程；规定人事报告的要求和格式；决定人力资源信息系统技术档案的结构、形式和内容；提出员工工资福利表的形式和内容要求；确定企业其他系统与人力资源信息系统的接口要求，需要强调的是，在设计人力资源信息系统时，必须考虑企业的发展对系统的可扩展性和可修改性的要求。

3. 系统的实施

考查目前及以后系统的使用环境，找出潜在的问题；检查计算机硬件结构和影响系统设计的软件约束条件；确定输入 / 输出条件、运行次数和处理量；提供实际处理量、对操作过程的要求、使用者的教育状况及所需设施的资料；设计数据输入文件、事务处理程序和对人力资源信息系统的输入控制。

4. 系统的评价

从以下几个方面对人力资源信息系统进行评价估计：改进人力资源管理的成本；各部门对信息资料要求的满意程度；对与人力资源信息系统有关的组织问题提出建议的情况；机密资料安全保护的状况。

第三章 员工招聘

第一节 员工招聘概述

一、招聘的含义

（一）招聘的概念

招聘是指企业为了发展的需要，根据人力资源规划和工作分析的要求，寻找、吸引那些有能力又有兴趣到该企业任职的人员，并从中选出适合的人员予以录用的过程。招聘，一般由主体、载体及对象构成。主体就是用人者，也就是招聘单位，一般派招聘专员具体负责招聘工作的组织和实施。载体是信息的传播体，也就是招聘信息传播的媒介。对象则是符合标准的应聘者。

（二）招聘的目标

1. 系统化的招聘管理可保证公司招聘工作的质量

为公司选拔合格、优秀的人才，如何提高招聘的有效性，是每一个企业都需要关注的问题，企业应根据不同岗位需求，灵活运用招聘方法，在保证招聘质量的情况下尽可能降低投入成本，通过与用人部门的积极配合、分工协作，提高招聘工作成效，减少招聘过程中的盲目性和随意性。

2. 实现员工个人与岗位的匹配是招聘的最终目的

这种匹配包括两个方面：一是岗位的要求与员工个人素质相匹配，二是工作报酬与员工个人的需要相匹配。要通过招聘把合适的人放在合适的岗位，量才适用，确保员工在工作岗位上能充分发挥主观能动性，从而提高企业核心竞争力。

二、招聘的意义

（一）招聘是企业获取人力资源的关键环节

企业从创建到发展，人力资源的状况都处于不断变化中。企业发展阶段不同，面临竞争环境的改变及竞争战略的调整，企业对人力资源的需求也会发生变化。

企业需要在不同时期获取不同的人力资源。对于新成立的企业，人员的招聘和选拔是企业成败的关键。只有招聘到符合企业发展目标，能够促进企业发展的员工，企业才能够具备利用物质资源的能力，从而进入正常的运营。对于已处于运作阶段的企业，由于需要应对外部环境的不断变化，招聘工作仍是一项关键性工作。企业在运行过程中，仍需要持续地获得符合企业需要的人才，从而保证自己在激烈的竞争中立于不败之地。因此，员工招聘是企业的经常性的工作，是获取人力资源的关键环节。

（二）招聘是企业人力资源管理工作的基础

人是一切管理工作的基础。招聘之所以是企业人力资源管理工作的基础，是由招聘工作的内容和劳动者在企业中的地位决定的。在整个人力资源管理体系中，招聘工作是基础环节，其他工作都是在招聘的基础上开展的。招聘工作做得好，就会形成比较优化的人力资源管理基础平台，使后续工作得以高效开展。具体表现在以下几个方面。

1. 有效的招聘可以提高员工的满意度，降低员工流失率

有效的招聘意味着员工与他的工作岗位及工作薪酬相适应，员工在企业从事的工作能给他带来工作满意度和组织责任感，进而会减少员工旷工、士气低落和员工流动现象。

2. 有效的招聘可以减少员工的培训负担

新招聘员工的基本情况，如素质的高低、技能和知识的掌握程度、专业是否对口等，对后期员工的培训及使用都有很大影响。素质较好、知识技能较高、专业对口的员工接受培训的效果较好，经培训后成为合格员工，创造高绩效的概率也较高。

3. 有效的招聘可以增强团队工作士气

组织中大多数工作不是由员工单独完成，而是由多个员工共同组成的团队完成。这就要求组织在配备团队成员上，应了解和掌握员工在认知和个性上的差异，按照工作要求合理搭配，使其能够和谐相处，创造最大化的团队工作绩效。因此，有效的招聘管理会增加团队的工作士气，使团队内部员工能配合默契，愉快和高效率地工作。

（三）招聘是企业宣传的有效途径

对于企业而言，在招收到所需的各种人才的同时，招聘也是企业向外界展现良好形象的重要途径。在招聘过程中，企业利用各种渠道和各种形式发布招聘信息，除了吸引更多的求职者，还能让外界更好地了解企业。有些企业以高薪、优厚的待遇和精心设计的招聘过程来表明企业对人才的渴求和重视，显示企业的诚意。

（四）招聘是企业履行社会责任的必经过程

提供就业岗位是企业必须承担的社会责任，招聘是企业履行这一社会责任的必经过程。在招聘中坚持公开、公平、公正的原则既是对企业负责，也是对社会负责。公开招聘信息，

公正科学地选拔人才，保障求职者公平就业的权利，既是企业应尽的社会责任，也是国家相关法律法规的明确要求。

三、影响招聘的因素

招聘工作受到多方面因素的影响，主要有以下几种。

（一）外部因素

1. 国家的法律法规

国家的法律和法规，特别是劳动法对招聘工作有很大影响。劳动法既涉及组织和员工的利益，又关系到社会的稳定。劳动法规定，劳动者享有平等就业和选择职业的权利。企业在招聘工作中，可根据生产经营的需要自行确定机构设置和人员编制，但不得招聘在校学生，不满十六岁的未成年人；若招聘从事有毒有害作业和特别繁重体力劳动工种的，申请人最低年龄必须满十八岁。企业招聘不得歧视残障人士，劳动者不因民族、种族、性别、宗教信仰不同而受歧视。

2. 外部劳动力市场

在劳动力市场上，劳动者的供需情况会对企业招聘产生一定的影响。一方面不同类型人员的供求状况存在很大差异。一般情况下，招聘岗位所需的技能要求越低，市场的供给就越充足，招聘工作相对容易。招聘岗位所需条件越高，劳动力市场的供给就越不足，招聘工作相对比较困难。另一方面劳动力分布情况受时间、季节等因素的影响也在不断发生变化。例如，我国春节期间一般较容易发生用工荒的问题，此时企业招聘工作相对困难，而在各大高校学生毕业期间，招聘工作容易迎来高峰。这些都是劳动力市场因素不断变化而有的表现。

3. 外部经济发展水平

外部经济发展水平包括两个方面：一是招聘单位所在地区的经济发展水平，二是竞争对手的经济发展水平。由于我国经济发展不平衡造成了各地区人才分布的不平衡，经济发达地区各类人才聚集，为员工招聘提供了更多机会，而经济欠发达地区人才纷纷外流，增加了员工招聘的难度。竞争对手的经济实力及其他综合因素等都会对企业招聘工作产生一定影响，在招聘时，也要尽可能多地了解竞争对手的实力，这样才能提高企业的招聘效率。

（二）内部因素

1. 企业的发展战略

企业的发展战略决定了企业对人力资源的需求状况。当企业处于快速发展时期，企业谋求进一步发展的情况下，对人力资源的需求较大；当企业在市场中处于劣势地位，发展较为困难的情况下，对人力资源的需求相对较少。

2. 企业的政策安排

企业的政策安排决定着招聘政策和招聘活动。一些大型企业由于工作岗位较多，一旦出现岗位空缺，更倾向于内部招聘，以便为员工提供更多的工作轮换和晋升机会，为员工提供发展空间。相对而言，小型企业更倾向于从组织外部招聘有岗位工作经验的人员。此外，企业的薪酬政策、培训政策等都对招聘有重大影响。

四、招聘的原则

（一）因事择人原则

因事择人，就是员工的选聘应以实际工作需要和岗位空缺情况为出发点，以岗位对人员的实际要求为标准，根据岗位对任职者的资格要求选拔录用各类人才。遵循因事择人原则，一方面能够避免出现因人设岗现象带来的人浮于事、机构臃肿现象；另一方面可使员工与岗位相匹配，做到人尽其才，避免人才浪费现象。

（二）经济效益原则

企业的员工招聘必须以确保企业的经济效益为目标。招聘计划的制订要以企业的需要为依据，以提高经济效益为前提。因此，在招聘的时候不仅要考虑人员的素质，还要考虑报酬因素，综合分析对企业现在和将来经济效益的影响。坚持“可招可不招时尽量不招”“可少招可多招时尽量少招”的原则，用尽可能低的招聘成本录用到合适的人选。

（三）公开、公平、公正原则

企业招聘应贯彻公开、公平、公正原则，使整个招聘工作在社会监督下开展。公开就是要公示招聘信息、招聘方法，这样既可以防止出现以权谋私、假公济私的现象，又能吸引大量应聘者。公平、公正就是确保招聘制度给予合格应聘者平等的机会。遵循公开、公平、公正原则，可以有效防止不正之风，努力为有志之士提供平等的竞争机会，还可以吸引大批的应聘者，扩大选择的范围，有利于人尽其才。

（四）竞争择优原则

竞争择优原则是指在员工招聘中引入竞争机制，在对应聘者的思想素质、道德品质、业务能力等方面进行全面考查的基础上，按照考查的成绩择优选拔录用员工。通过竞争上岗，择优录用，好中选优，优中选强，把人品和能力经得起检验的人选拔到合适的工作岗位上，体现公平性，是让优秀人才脱颖而出的有效途径。

（五）双向选择原则

招聘是双向选择的过程。企业要选择能够胜任岗位工作，为企业创造价值的员工，而个人则是在寻找报酬公平、能够体现其个人价值的工作。双向选择能够实现人力资源的最优配置。企业要根据自身发展和岗位的要求，实事求是地开展宣传，劳动者则根据自身能力和意愿，结合劳动力市场供求状况自主选择职业。双向选择原则一方面能使企业不断提高效益，改善自身形象，增强自身吸引力；另一方面还能使劳动者为了获得理想的职业，努力提高自身的知识水平和专业素质，在招聘竞争中取胜。

第二节　员工招聘流程

一、招聘流程

员工招聘的流程包括招聘计划的制订、招聘信息发布、简历筛选、应聘者选拔、员工录用及招聘评估与总结等环节。

（一）招聘计划的制订

招聘计划是在人力资源计划基础上产生的。企业发现有些职位空缺需要有人来添补，就会提出招聘的要求。完整的招聘计划通常包括人员需求、招聘信息发布的时间和渠道、招聘小组人选、应聘者的考核方案、招聘费用预算及招聘的工作时间等。制订招聘计划是复杂的工作，大型企业常聘请组织外部的人力资源专家制订和执行招聘计划，小型企业中通常由人力资源部人员负责此项工作。

（二）招聘信息发布

企业在做出招聘计划后，就可以进行招聘信息发布工作。企业在发布招聘信息时，必须遵循一定的原则：第一，及时原则。招聘信息必须及时发布，这样可以使招聘信息尽早地向社会公布，使更多的人获取信息，使应聘人数增加。第二，面广原则。接收到信息的人越多，面越广，应聘的人也就越多，这样招聘到合适人选的概率也越大。第三，层次原则。招聘时要根据招聘岗位的特点，向特定层次的人员发布招聘信息。此外，招聘信息发布渠道的选择也十分重要。一般而言，广告招聘能够比其他的招聘方式吸引更多的应聘者。广告已经成为广大企业普遍采用的一种招聘方式。

（三）简历筛选

在众多的求职简历中筛选人才，是企业招聘的一项重要工作。规范的企业有详细的岗位说明书，按照岗位说明书提炼出来的岗位描述和岗位要求是简历筛选的第一依据。简历与岗位说明书的匹配度越高，获得面试的机会也越大。在简历中需要满足的基本条件是教育程度、专业背景、相关工作经验、相关技能，简历的排版书写也是筛选的一项内容。只有在申请数量非常有限时，简历的筛选才会适度放宽条件。

（四）应聘者选拔

对应聘人员的选拔是招聘过程的重要步骤。选拔的方法主要有笔试、面试、情景模拟测试等。其中，面试是目前应用最广泛、发展最成熟的一种选拔方法。面试的过程要尽可能多地了解应聘者的信息，包括应聘者的工作经历、教育程度、家庭背景、现代社会适应特征、应聘者的动机与性格、情绪稳定性等。面试的目的主要是发现应聘者的态度、感情、思维方式、人格特征、行为特点及洞察其敬业精神。

（五）员工录用

经过简历筛选、面试等环节后，企业基本能够确定候选人。但在与候选人签订录用合同前，还必须对候选人进行背景调查及学历认证，主要是考查应聘者是否达到学历要求，以往的工作经历如何，是否有违法犯罪或者违纪等不良行为。一般来说，调查通常会由浅入深，主要采取电话（互联网）咨询、问卷调查和面对面访谈等几种形式，必要的时候，企业还可以向学校的学籍管理部门、历任雇佣公司的人事部门、档案管理部门等进行公函式的调查，以得到最真实可靠的消息。如果背景调查及学历认证均无问题，那么就可以发出录用通知。

（六）招聘评估与总结

一般在招聘工作结束后，都要对整个招聘工作进行总结和评价，主要是对招聘结果、招聘的成本和效益及招聘方法进行评估，并将评估结果撰写成评估报告或工作总结，为下一次招聘提供借鉴。

二、招聘渠道

企业进行员工招聘的渠道一般有两种，即内部招聘和外部招聘。

（一）内部招聘

内部招聘是指在企业内部通过晋升、竞聘或人员调配等方式，由企业内部的人员来弥补空缺职位。企业内部招聘和人才选拔机制的确立，有利于员工的职业生涯发展，并留住核心人才，形成人力资源内部的优化配置。

对企业而言，内部招聘有很多优点。首先，内部招聘可以使企业得到大量非常熟悉的员工，不必再花费很大力气去认识和了解新员工。其次，这些应聘者对企业的状况及空缺职位的性质都比较了解，省去了很多适应新岗位的麻烦。但如果企业仅仅采用内部招聘的方法，久而久之会出现思维僵化等弊端，很难适应创新的市场要求。

（二）外部招聘

外部招聘是指从企业外部获得符合空缺职位工作要求的人员来弥补企业的人力资源短缺，或为企业储备人才。当企业内部的人力资源不能满足企业发展的需要时，如某些初等职位及一些特定的高层职位，如果企业内部没有合适的人选，则应通过外部渠道进行招聘。从外部招聘的人员可以为组织带来新的思维模式和新的理念，有利于组织的创新。

三、招聘方法

（一）内部招聘的方法

1. 内部晋升或岗位轮换

内部晋升是指企业内部符合条件的员工从现有的岗位晋升到更高层次岗位的过程。岗位轮换是指企业有计划地按照大体确定的期限，让员工轮换担任若干种不同工作的人才培养方式。

内部晋升和岗位轮换需要建立在系统的职位管理和员工职业生涯规划管理体系的基础上。首先，要建立完善的职位体系，明确不同职位的关键职责、职位级别、职位的晋升轮换关系，指明哪些职位可以晋升到哪些职位，哪些职位之间可以进行轮换。其次，企业要建立完善的职业生涯管理体系。在每次绩效评定的时候，企业要对员工的工作目标完成情况及工作能力进行评估，建立员工发展档案。同时，要了解员工个人的职业发展规划，根据员工意愿及发展可能性进行岗位的有序轮换，并提拔业绩优秀的员工。

2. 内部公开招聘

当公司内部有职位空缺时，可以通过内部公告的形式进行公开招聘。一般的做法是在公司的内部主页、公告栏或以电子邮件的方式通告给全体员工，符合条件的员工可以根据自己的意愿自由应聘。这种招聘方法能够给员工提供一个公平选择工作岗位的机会，能使企业内最合适的员工有机会从事该工作，有利于调动员工的积极性，更符合“人性化管理”理念。但这种方法若采用不当，会使企业内部不稳定，影响落选员工的工作积极性和工作表现。为保证招聘的质量，对应聘内部岗位的员工需要有一定的条件限定，鼓励工作负责、成绩优秀的员工合理流动。同时，参加内部应聘的员工也要像外部招聘的候选人一样接受选拔评价程序，经过选拔评价符合任职资格的员工才能予以录用。

3. 内部员工推荐

当企业内部出现职位空缺时，不仅要鼓励内部员工应聘，还要鼓励员工为公司推荐优秀人才。这里包含了两个方面的内容：一是本部门主管对员工的推荐，二是内部员工的评价推荐。主管对本部门员工的工作能力有较为全面的了解，通常当部门主管有权挑选或决定晋升人选时，他们会更关注员工的工作细节和潜在能力，会在人员培养方面投入更多的精力，同时会促使那些正在寻求晋升机会的员工努力争取更好的工作表现。但由于主管推荐很难不受主观因素的影响，多数员工会质疑这种方式的公平性，因此主管推荐还应与员工评价相结合，从而保证推荐工作的客观性和公正性。同时，为了保证内部推荐的质量，企业还必须对推荐者的推荐情况进行跟踪和记录，以确保推荐的可靠性。

4. 临时人员转正

企业由于岗位需要会雇用临时人员，这些临时员工也是补充职位空缺的来源。正式岗位出现空缺，而临时人员的能力和资格又符合所需岗位的任职资格要求时，可以考虑将临时人员转正，以补充空缺。

（二）外部招聘的方法

1. 发布招聘广告

招聘广告，即将企业有关岗位招聘的信息刊登在适当的媒体上，如报纸、杂志、电视、网站或散发印刷品等，这是最普遍的招聘方式。刊登的内容一般包括：公司的简单介绍，岗位需求，申请人的资历、学历、能力要求等。这种招聘方式的优点是，覆盖面比较广，发布职位信息多，信息发布迅速，联系快捷方便。缺点是对应聘者信息的真实性较难辨别，成本较高。各种媒体广告都有其不同的优缺点和适用情况，因此在发布招聘广告时，对媒体的选择尤为重要。

2. 就业服务机构和猎头公司

就业服务机构是指帮助企业挑选人才，为求职者推荐工作单位的组织，根据举办方的性质可分为公共就业服务机构和私人就业服务机构。公共就业服务机构是由政府举办，向用人单位和求职者提供就业信息，并帮助解决就业困难的公益性组织，如我国各地市人事局下设的人才服务中心。随着人力资源流动越来越频繁，我国也出现了大量的私人就业中介机构。除提供与公共就业机构相同的服务职能外，更侧重于为企业提供代理招聘的服务，也就是招聘外包的解决方案。这类就业服务机构主要适用于招聘初级人才、中高年龄人才和一些技术工人。经就业服务机构推荐的人员一般都经过筛选，因此招聘成功率比较高，上岗效果也比较好；一些规范化的交流中心还能提供后续服务，使招聘企业感到放心，招聘快捷，省时省力，针对性强，费用低廉。

猎头公司是依靠猎取社会所需各类高级人才而生存、获利的中介组织。因此，主要适用于招聘那些工作经验比较丰富、在行业中和相应岗位上比较难得的尖端人才。这种源于西方国家的招聘方式，近年来成为我国不少企业招聘高级管理人员时的首选。但因其高额的费用，只能在有足够的招聘经费预算的情况下，企业招聘非常重要的职位时选择。

3. 校园招聘

当企业需要招聘财务、计算机、工程管理、法律、行政管理等领域的专业化初级水平的员工，或为企业培养和储备专业技术人才和管理人才时，校园招聘是达到以上招聘目的的最佳方式。校园招聘的主要方式是张贴招聘广告、设摊摆点招聘、举办招聘讲座和校园招聘会及学校推荐等。在整个过程中，要熟悉招聘应届毕业生的流程和时间限制，特别加强与高校就业指导部门的联系，办理好接收应届毕业生的相关人事手续。校园招聘的应聘者一般都是应届大学生，他们普遍是年轻人，学历较高，工作经验少，可塑性强，进入工作岗位后能较快地熟悉业务。由于毕业生缺乏工作经验，企业在将来的岗位培训上成本较高，且毕业生刚步入社会，对自己的定位还不清楚，工作的流动性也比较大。此外，毕业生往往面对多家企业的挑选，特别是出类拔萃的人才，很可能同时被多家企业录用，违约是比较常见的现象，也使得校园招聘成本比较高。

4. 人才交流会

随着人力资源市场的建立和发展，人才交流会成为重要的招聘形式。通常人才交流会是由有资格的政府职能部门或下属机构主办，有明确的主题，专门针对一个或少数几个领域开展人才交流活动。实际上就是为企业和应聘者牵线搭桥，使企业和应聘者可以直接进行接洽和交流，既节省了企业和应聘者的时间，还可以为招聘负责人提供有价值的信息。这种方法对招聘通用类专业的中级人才和初级人才比较有效。由于应聘者集中，人才分布领域广泛，企业的选择余地较大，企业通过人才交流会，不仅可以了解当地人力资源素质和走向，还可以了解同行业其他企业的人事政策等情况，而且招聘费用比较少，招聘周期较短，招聘工作量较小，能尽快招聘到所需人才。

5. 网络招聘

网络招聘也被称为电子招聘，是指通过运用技术手段，帮助企业完成招聘的过程，即企业通过公司网站、第三方招聘网站等，使用建立数据库或搜索引擎等工具来完成招聘的方式。

网络招聘已逐渐成为人员招聘最重要的方式之一。许多求职招聘网站、大型门户网站的招聘频道和网上人才信息数据库等成为新兴的“人才市场”。网络招聘的兴起不仅是因为其成本低廉，更重要的是因为网络招聘是现存各种招聘方式中最符合未来社会人才高速流转要求的，而且随着网络音频、视频技术的不断革新，网络招聘缺乏立体感的问题也将被解决，应该说网络招聘的前景十分广阔。但是，网络招聘要警惕和排除虚假信息，以免影响组织招聘的效益和效率。

网络招聘有以下几种渠道：①注册成为人才网站的会员，在人才网站上发布招聘信息，收集求职者的信息资料，这是目前大多数企业在网上招聘的方式。由于人才网站上资料全，日访问量高，所以企业能较快招聘到合适的人才。同时，由于人才网站收费较低，很多企业会同时在几家网站注册会员，这样可以收到众多求职者的资料，可挑选的余地较大。②在企业的主页或网站上发布招聘信息。很多企业在自己的主页上发布招聘信息，以吸引来访问的人员。③在某些专业的网站发布招聘信息。由于专业网站往往能聚集某一行业的精英，在这样的网站发布招聘信息效果更好。④在特定的网站上发布招聘广告。有些公司会选择在一些浏览量很大的网站做招聘广告。⑤利用搜索引擎搜索相关专业网站及网页，发现可用人才。⑥通过网络猎头公司。专业的网络猎头公司利用互联网将其触角伸得更深更远，搜寻的范围更加广阔。⑦在群聊里发现和挖掘出色人才。

网络招聘具有覆盖面广、方便、快捷、时效性强、成本低和针对性强等优势，但也存在信息真实度低、应用范围狭窄、基础环境薄弱、信息处理的难度大和网络招聘的成功率较低等不足。

综上所述，员工招聘的方法是多种多样的，并有着不同的特点。在招聘时，企业要结合自身情况，灵活运用，选择适合的招聘方式。

第三节　员工招聘实务

一、招聘计划的制订

招聘计划是根据企业的人力资源规划，在工作分析的基础上，通过分析与预测组织岗位空缺及合格员工获得的可能性，所制订的实现员工补充的一系列工作安排。

1. 招聘计划的内容

招聘计划通常包括以下内容：①人员需求，包括招聘的岗位名称、人数、任职资格要求等内容。②招聘信息发布的时间和渠道。③招聘小组人选，包括小组人员姓名、职务、各自的职责。④应聘者的考核方案，包括考核的方式、考核的场所、答题时间、题目设计者姓名等。⑤招聘费用预算，包括资料费、广告费等。⑥招聘的工作时间，包括招聘的具体时间安排、招聘的截止日期。

2. 招聘计划的编写步骤

招聘计划的编写一般包括以下步骤：①获取人员需求信息。人员需求信息一般来源于三个方面：一是企业人力资源计划中的明确规定；二是企业在职人员离职产生的空缺；三是部门经理递交的经领导批准的招聘申请。②选择招聘信息的发布时间和发布渠道。③初步确定招聘小组。④初步确定选择考核方案。⑤明确招聘预算。⑥编写招聘工作时间表。

二、招聘广告撰写

招聘广告是企业员工招聘的重要工具之一。广告设计的好坏直接影响应聘者的素质和企业的竞争能力。

（一）招聘广告的编写原则

1. 真实

真实是招聘广告编写的首要原则。招聘广告的编写必须保证内容客观、真实，对广告中涉及的录用人员的劳动合同、薪酬、福利等政策必须兑现。

2. 合法

广告中出现的信息要符合国家和地方的法律、法规和政策。

3. 简洁

广告的编写要简洁明了，重点突出招聘岗位名称、任职资格、工作职责、工作地点、薪资水平、社会保障、福利待遇、联系方式等内容。对公司的介绍要简明扼要，不要喧宾夺主。

（二）招聘广告的内容

不同媒介采用的广告形式有所不同，但广告的内容基本相似。招聘广告的内容包括以下几方面：①广告题目，一般是“×× 公司招聘”“高薪诚聘”等。②公司简介，包括公司的全称、性质、主营业务等，文字要简明扼要。③招聘岗位，包括岗位名称、任职资格、工作职责、工作地点等内容。④人事政策，包括公司的薪酬政策、社会保障政策、福利政策、培训政策等内容。⑤联系方式，包括公司地址、联系电话、传真、网址、电子邮箱、联系人等内容。

三、工作申请表设计

应聘者在应聘前，通常都要填写表格，这份表格就是工作申请表。工作申请表，一般有三个作用：第一，了解应聘者的基本信息，确定申请人是否符合工作所需的资格要求；第二，根据应聘者提供的信息，判断应聘者是否具有某些与工作岗位相关的能力与素质；第三，为后期应聘者进行选拔测试工作提供重要的参考信息。工作申请表是应聘者信息筛选的第一个关卡，精心设计的工作申请表可以在招聘工作中发挥重要的作用。

（一）工作申请表的设计原则

1. 简明扼要

工作申请表是给应聘者申请职位时填写的，如果申请表设计得太过复杂烦琐，填写者出错的概率也会增加，也会给企业相关的人力资源工作带来麻烦。

2. 针对性强

针对企业不同的岗位应设计出不同形式的申请表，这样不仅能够提升工作申请表的效用，也为后续的工作收集了重要的信息。

3. 便于检索保管

工作申请表不仅仅用于对应聘者信息的收集和初选，还可以丰富企业人力资源部门的人才资源库，完善的工作申请表对企业开展人力资源数字化管理具有推动作用。

（二）工作申请表的设计内容

1. 工作申请表第一部分一般都用于采集应聘者的基本信息

例如，姓名、性别、籍贯、出生年月、文化程度、专业方向及联系方式等。

2. 工作申请表的第二部分一般用于采集应聘者的能力信息

例如，计算机英语水平、教育背景、爱好特长、工作经历、职业资格及获奖荣誉等。这些信息是判断应聘者是否具备岗位能力和条件的最基本依据。

四、简历筛选

简历是对个人学历、经历、特长、爱好及其他情况所做的简明扼要的书面介绍。对于企业招聘来说，筛选简历是招聘工作中很重要的工作。

（一）简历阅读技巧

简历阅读技巧包含以下方面：①浏览简历时，应从个人信息、教育背景以及工作经验等方面采集应聘者信息。筛选过程中应注意那些易暴露应聘者缺点的地方。例如，对个人信息或教育背景过多地介绍，可能说明应聘者缺乏工作经验；只介绍工作单位、工作岗位，未介绍工作成果，则可能在原岗位工作表现一般，或不能很好地胜任原岗位工作；没有持续上升的职业发展状况，则可能说明潜力较低等信息。②寻找附有求职信的简历，这样的应聘者可能很在意企业提供的岗位。③警惕冗长的简历，多余的解释可能表明办事效率不高或用以掩盖基本努力和经验不足。④仔细寻找与成就有关的内容。⑤如简历中多次出现错别字，那么，应聘者通常不会把事情做好。

（二）简历分类技巧

经过筛选，可将简历分为拒绝类、基本类、重点类三种。

1. 拒绝类

完全不符合企业岗位的招聘要求，招聘人员无须再对其进行关注的简历。

2. 基本类

基本符合企业岗位的招聘要求，但是不太突出或者还有不太理想的方面，招聘人员可以先将这些简历保存，用于招聘后备人员。

3. 重点类

完全符合企业岗位招聘要求，或者应聘者有特点，招聘人员应该对该类简历加以重点分析，作为下一步面试、笔试等工作的材料。

（三）简历筛选方法

简历筛选的方法有许多种，较为科学的筛选方法为加权计分法。加权计分法是企业在整理出所招聘岗位的各项标准后，按其重要程度进行排序并确定其权重大小，依据应聘者的自身条件，对照所申请岗位的要求标准实施计分。具体分为四个步骤：第一，企业招聘人员整理出所招聘岗位的各项标准；第二，按照各标准的重要程度进行排序，确定其权重大小；第三，判断应聘者的条件是否符合所申请的工作岗位各项标准并且记分；第四，结合各项标准的权重，将每一个应聘者的各项得分相加，并从高到低排序；第五，依据企业下一步招聘计划，确定候选者。

五、面试工作

面试是最常见的招聘方式，是招聘专员通过与应聘者正式交谈，了解其业务知识水平、外貌风度、工作经验、求职动机、表达能力、反应能力、个人修养、逻辑性思维等情况的方法。面试给企业和应聘者提供了双向交流的机会，能使企业和应聘者之间相互了解，从而双方都可更准确地做出决定。

（一）面试的分类

1. 结构化面试

结构化面试又称标准化面试，是指根据特定职位的要求，遵循固定的程序，采用专门的题库、评价标准和评价方法，通过考官小组与应聘者面对面的言语交流等方式，评价应聘者是否符合招聘岗位要求的人才测评方法。主要包括三方面的特点：一是面试过程把握的结构化，在面试的起始阶段、核心阶段、收尾阶段，主考官要做些什么、注意些什么、要达到什么目的，事前都会做相应的策划。二是面试试题的结构化，在面试过程中，主考官要考查考生哪些方面的素质，主要提哪些问题，在什么时候提出，怎样提，都有固定的模式和提纲。三是面试结果评判的结构化，从哪些角度来评判考生的面试表现，等级如何区分，甚至如何打分等，在面试前都会有相应的规定，并在众考官间统一尺度。结构化面试适合专业技术性强的岗位。

2. 非结构化面试

面试提问没有固定的模式和提纲，面试问题大多属于开放式问题，没有标准答案。非结构化面试主要考查应聘者的服务意识、人际交往能力、进取心等非智力素质，适合考查从事服务性或事物性工作的岗位。非结构化面试主要采用情景模拟方式开展。

3. 半结构化面试

这是指面试构成要素中有的内容做统一要求，有的内容则不做统一要求，也就是在预先设计好的试题的基础上，在面试过程中主考官随机向应试者提出一些问题。半结构化面试是介于非结构化面试和结构化面试之间的形式，它结合了两者的优点，有效避免了单一方法上的不足，具有双向沟通性。面试官可以获得更丰富、完整和深入的信息，并且面试可以将内容的结构性和灵活性相结合。近年来，半结构化面试得到广泛使用。

（二）面试的方法

1. 面试前的准备

（1）面试场地布置

面试场地一般有三种类型：长条桌型的面试场地是最常见的，这种面试形式正规严谨，视野通透，便于观察应聘者的全部举动。圆形桌型的面试适合资深专业类和管理类的应聘者，这种形式能缓解应聘者的紧张感，给他们一种与面试官亲近的感觉，但是看不到应聘者的全貌，有些身体语言信息容易被忽视。

（2）面试问题准备

企业招聘面试应关注的问题，包括以下几个方面：应聘动机；以往的生活和工作经历；兴趣爱好和特长；与所聘岗位相关的知识和经验；素质与所聘岗位的匹配度；对待工作价值、责任、挑战、成就的看法；对工作条件和奖酬待遇的要求和看法；处理人际关系的方式和态度；研究和解决问题的习惯及思路等。

（3）面试表格准备

在面试的时候，招聘专员不但要积极倾听，还应该做一些笔记。一方面由于应聘者各有特点，招聘专员很难准确地把握应聘者提供的信息并做出客观准确的判断；另一方面做好面试记录也是招聘过程记录的一部分，能够为后期人才选拔提供参考资料。

2. 面试的开场

让应聘者介绍自己，并介绍面试的大致安排，建立和谐的气氛。

3. 正式面试环节

招聘专员通过提问的方式介绍企业情况，获取应聘者信息。

4. 面试结束

在面试结束时，应留有时间回答应聘者的提问，努力以积极的态度结束面试。如果不能马上做出决策，应当告诉应聘者怎样尽快知道面试结果。

（三）无领导小组讨论

无领导小组讨论，是企业招聘选拔人员时，由一组应聘者开会讨论一个企业实际经营中存在的问题，讨论前不指定谁主持会议，在讨论中观察每一个应聘者的发言，观察他们如何互相影响，以及每个人的领导能力和沟通技巧如何，以便了解应聘者心理素质和潜在能力的一种测评选拔方法。

1. 无领导小组讨论的类型

（1）根据讨论的主题有无情景性，分为无情景性讨论和情景性讨论

无情景性讨论一般针对某一个开放性的问题来进行。例如，好的管理者应具备哪些素

质？或是一个两难问题。例如，在企业中，管理者应该更重公平还是更重效率？情景性讨论一般是把应聘者放在某个假设的情景中来进行。例如，假定各个应聘者均是某公司的高级管理者，让他们通过讨论去解决公司的裁员问题，或是解决公司的资金调配问题等。

（2）根据是否给应聘者分配角色，可以分为不定角色的讨论和指定角色的讨论

不定角色的讨论是指小组中的应聘者在讨论过程中不扮演任何角色，可以自由地就所讨论的问题发表自己的见解，既可以当事人的身份进行分析，也可以进行客观的评论，具有一定的灵活性。在指定角色的小组讨论中，应聘者有固定的角色。例如，让他们分别担任财务经理、销售经理、人事经理、生产经理等职务，以各自不同的身份参与讨论，并达成一致意见。

2. 无领导小组讨论的流程

（1）编制讨论题目

无领导小组题目的类型包含实际操作性问题、开放式问题、选择与排序问题、两难问题与资源争夺性问题等。

（2）讨论场地布置

无领导小组讨论的实施环节一般要求为场地安静、宽敞、明亮。讨论者、观察者之间的距离应该适中。常见的无领导小组讨论的场地布置形式有方形布置和条形布置。组织应聘者抽签，确定座次，组织应聘者进入场地并对号入座。

（3）宣读指导语

主考官向应聘者宣读无领导小组讨论测试的指导语，介绍讨论题的背景资料、讨论步骤和讨论要求。主考官要使用规范的指导用语，指导用语的内容包括每组所要完成的任务、时间及注意事项。

（4）讨论阶段

进入正式讨论阶段，一切活动都由被测评小组成员决定，主考官一般不做任何发言，招聘专员要做的就是观察各成员，并在评分表上给每个人进行计分。

应聘者讨论的内容既可以是对自己最初观点的补充与修正，也可以是对他人的某一观点与方案进行分析或者提出不同见解，还可以是在对大家提出的各种方案的基础上提出更可行的方案。讨论后必须达成一致意见。讨论的一般流程是，小组成员先轮流阐述自己的观点，然后相互之间进行交叉辩论，继续阐明自己的观点，最后小组选出一名核心人物，以小组领导者的身份进行总结。

无领导小组在讨论过程中，招聘专员的观察要点包括以下几个方面：一是发言内容，也就是应聘者说话的内容；二是发言形式和特点，也就是应聘者说话的方式和语气；三是发言的影响，也就是应聘者的发言对整个讨论的进程起到哪些作用。

（5）评价与总结

在整个无领导小组讨论中，可以采用录像机进行检测录像，在应聘者讨论过程中，考官按照事先设计好的测评要素和观察点进行评价，并召开评分讨论会，参考录像资料再对每个应聘者的表现逐一进行评价。通过召开讨论会，招聘专员之间可以充分交换意见，补充自己观察时的遗漏，对应聘者做出更全面的评价。

当招聘专员都认为他们已经获得了足够的信息时，就可以针对各测评指标进行评分。再结合具体的测评权重系数，计算出应聘者的综合得分。最后根据评定意见和综合得分形成最终的结果。

六、录用工作

经过简历筛选、笔试、面试等一系列招聘选拔后，企业能够做出初步的录用决策。但在正式签定录用合同前，还需对应聘者进行背景调查和学历认证。

（一）背景调查

在前期的招聘选拔过程中，所有的信息都是从应聘者方面直接获得的，企业还应了解应聘者的一些背景信息。背景调查就是对应聘者与工作有关的一些背景信息进行查证，以确定其任职资格。通过背景调查，一方面可以发现应聘者过去是否有不良记录，另一方面也可以考查应聘者的诚信度。此外，当企业在面试过程中对应聘者某些表现或所描述的事件表示怀疑，需要寻求有效证据时，也应进行背景调查。

背景调查一般通过以下几个路径实现。

1. 人事部门

了解离职原因、工作起止时间、是否有违规行为等记录。

2. 部门主管

了解工作表现、胜任程度、团队合作情况和工作潜力。

3. 部门同事

了解工作表现、服务意识、团队合作等方面。

进行背景调查应注意几个问题：①不要只听信一个被调查者或者一个渠道来源的信息，应该从不同的信息渠道验证信息。尤其是遇到某些不良评价时，不能轻信，应扩大调查范围，确保调查客观、公正。②如果应聘者还没有离开原来的工作单位，那么在向他的雇主进行背景调查时应该注意技巧，不要给原雇主留下该应聘者将要跳槽的印象，否则对该应聘者不利。③只调查与应聘者未来工作有关的信息，不要将时间花在无用的信息上。④必要的时候，可以委托专业的调查机构进行调查，因为他们会有更加广泛的渠道与证明人取得联系，并且在询问的技巧方面更加专业。

（二）学历认证

在招聘中有部分应聘者会在受教育程度上作假，目前很多招聘的职位都会对学历提出要求，那些没有达到学历要求的应聘者就有可能对此进行伪装，因此在招聘中有必要对应聘者的学历进行认证。在我国，基本所有大学的毕业证书和正规部门出具的技能证书都能在官网上进行查询认证。针对国外的证书，我国教育部和人力资源社会保障部特别设立海外大学文凭认证中心，帮助用人单位鉴定应聘者的学历真伪，但这项认证程序较多，耗时较长。

（三）录用决定

企业在做出录用决定时，应尽可能地将一些不确定因素考虑在内。例如，企业要做好应聘者拒绝录用的心理准备，在录用时应该准备不止一名候选人的录用材料。同时，还应准备新员工个人档案登记表，以便新员工入职时登记员工的基本信息，为建立员工档案做好准备。

（四）录用通知

录用通知一般是通过面谈或者电话告知应聘者，在沟通时，要注意了解应聘者所关心或担心的问题，了解其何时能做出接受录用的决定，了解他们是否在考虑其他企业。对于那些没有被录用的候选人，也应告知他们。

七、招聘工作评估与总结

招聘评估主要是对招聘的结果、招聘的成本和招聘的方法等方面进行评估。一般在一次招聘工作结束之后，要对整个招聘工作做一个总结和评价，目的是进一步提高下次招聘工作的效率。

（一）招聘成本效益评估

招聘成本效益评估是指对招聘中的费用进行调查、核实，并对照预算进行评价的过程。计算公式为：招聘单位成本 = 招聘总成本（元）/ 实际录用人数（人）。

招聘总成本由两部分组成：一部分是直接成本，包括招聘费用、选拔费用、录用员工的家庭安置费用和工作安置费用、其他费用（如招聘人员差旅费、应聘人员招待费等）。另一部分是间接成本，包括内部提升费用、工作流动费用等。

如果招聘总成本少，录用人数多，意味着招聘单位成本低；反之，则意味着招聘单位成本高。

（二）录用人员评估

录用人员评估是指根据招聘计划对录用人员的质量和数量进行评价的过程。一般包括以下几个指标。

1. 录用比

录用比反映的是最终录用人数在应聘人数中所占比例情况。录用比越小，录用者的素质越高；反之，录用者的素质较低。

录用比 =（录用人数 / 应聘人数）×100%

2. 招聘完成比

招聘完成比反映招聘完成情况。如果招聘完成比等于或大于 100%，则说明在数量上全面或超额完成招聘计划。

招聘完成比 =（录用人数 / 计划招聘人数）×100%

3. 应聘比

应聘比反映的是招聘宣传的力度和招聘广告的吸引力。应聘比越大，说明招聘信息发布效果越好，同时说明录用人员素质可能较高。

应聘比 = 应聘人数 / 计划招聘人数

（三）撰写招聘总结

招聘工作的最后一步，是撰写招聘工作总结，对招聘工作进行全面概括，总结招聘成果，指出招聘过程中的不足之处，为下一次招聘提供参考。招聘总结主要包括招聘计划、招聘进程、招聘结果、招聘经费和招聘评定五方面的内容。

第四章　员工培训与开发

第一节　培训与开发概述

一、员工培训的含义

员工培训是指一定组织为开展业务及培育人才的需要，采用各种方式对员工进行有目的、有计划的培养和训练的管理活动。公开课、内训等均为常见的员工培训及企业培训形式。

二、员工培训的原则

为保证员工培训的计划性、针对性和有效性，达到提高企业绩效的目标，员工培训必须从企业战略出发，有计划、有重点、有步骤地针对员工的现实状态与工作要求的差距进行。为此，员工培训必须坚持以下几项原则。

（一）注重实效原则

企业的任何活动都是要达到最初的目的，员工培训活动更要注重实际效果，也就是培训活动必须在员工今后的工作中产生一定的效果，否则就失去了意义。这种实际效果主要体现在专业知识的拥有、工作能力的提高、工作态度的转变、工作技能的熟练等方面，从而达到提高工作绩效的目的。

（二）有效激励原则

在现代企业中，培训已作为一种激励手段。一些企业在招聘广告中明确员工将享受到的培训待遇，以此来增加本企业的吸引力。另外，激励的原则应该贯穿整个培训过程，这样才能更好地调动员工的积极性和主动性。例如，培训前进行宣传和教育，培训中进行及时的反馈，培训后进行评估和考核，奖励与考核成绩挂钩等。

（三）个体差异化原则

公司员工从普通员工到最高决策者，所从事的工作内容、创造的绩效、必备的能力和达到的工作标准不尽相同，所以培训工作应充分考虑他们各自的特点，做到因材施教。也就是说要针对员工的不同文化水平、不同职务、不同要求及其他差异进行个性化培训。

（四）目标明确原则

目标对人的行为具有明确的导向作用，所以培训必须设立总体目标或分阶段目标。在培训开始之前设立明确的目标，不但有利于增强培训效果，而且有助于在培训结束之后对培训效果进行衡量。为了使目标更有指导意义，目标的设置应当明确、适度，培训目标设得太难或太容易都会失去培训的价值。

（五）反馈与强化原则

员工培训效果的反馈是指在培训后对员工进行检验，其作用在于巩固员工学习的技能、及时纠正错误和偏差，反馈的信息越及时、准确，培训的效果就越好。强化则是指由于反馈而对接受培训的员工进行的奖励或惩罚，其目的是奖励接受培训并取得绩效的员工，同时提高其他员工的培训意识，使培训效果得到进一步强化。

三、员工培训的意义

企业在面临全球化、高质量、高效率的工作系统挑战中，员工培训显得更为重要。员工培训的重要意义具体体现在以下几个方面。

（一）有利于企业获得竞争优势

面对激烈的市场竞争，企业需要越来越多的高素质人才。员工培训就是要不断培训与开发高素质人才，以获得竞争优势。

（二）满足员工实现自我价值的需要

在现代企业中，员工工作更多的是满足“高级”的需要——自我价值的实现。培训能提高员工的知识和技能水平，使其能适应或接受更具有挑战性的工作与任务，实现自我成长和自我价值。这不但使员工在物质上得到满足，而且使员工在精神上得到成就感。

（三）提高员工的职业能力

员工培训的直接目的是提高员工的职业能力，使其更好地胜任现在的工作及为未来的工作打下基础。培训使员工的工作能力提高，为其取得好的工作绩效提供了可能，也为员工提供更多获得晋升和提高收入的机会。

（四）有利于改善企业的工作质量

工作质量包括生产过程质量、产品质量、客户服务质量等。员工培训使员工的职业能力得到提高，因而将直接改善和提高企业的工作质量。

四、培训与开发在人力资源管理中的地位

随着信息技术、经济全球化的发展，受到终身学习、人力资源外包等因素的挑战，培训与开发在人力资源管理中的地位日益提升，对培训与开发人员提出了新的、更高的要求。

同时，企业战略和内在管理机制不同，也要求提供相应的培训与开发支持。

（一）培训与开发是人力资源管理的基本内容

1. 培训与开发是人力资源管理的基本职能

人力资源管理的基本职能包括获取、开发、使用、保留与发展，现代培训与开发是充分发挥人力资源管理职能必不可少的部分。

2. 培训与开发是员工个人发展的客观要求

接受教育与培训是每个社会成员的权利，尤其是在知识经济时代，知识的提高及知识老化、更新速度的加快客观上要求员工必须不断接受教育和培训，无论从组织发展的角度，还是从员工个人发展的角度，员工必须获得足够的培训机会。

3. 培训与开发是国家和社会发展的客观需要

人力资源质量的提高对国家和社会经济的发展，以及国际竞争力的提升具有重要作用。世界各国都非常重视企业员工的培训问题，并制定了相关的法律和政策加以规范，并对企业的培训和开发工作给予相关的支持和帮助。

4. 培训与开发与人力资源管理其他功能模块的关系

培训、开发与人力资源管理各个方面都相互联系，尤其与人力资源规划、职位设计、绩效管理、甄选和配置等的联系更为紧密。招聘甄选后便要进行新员工的入职培训。培训与开发是员工绩效改进的重要手段，职位分析是培训需求分析的基础，人力资源规划则确定培训与开发的阶段性与层次性。

（二）培训与开发在人力资源管理中的地位和作用的变迁

1. 员工培训与开发伴随着人力资源管理实践的产生而产生

培训与开发是人类社会生存与发展的重要手段。通过培训而获得的知识增长和技能优化有助于提高劳动生产率。早在 1911 年，泰勒的《科学管理原理》就包括了培训与选拔的内容（按标准化作业培训工作人员并选拔合格者）。

2. 现代培训与开发逐渐成为人力资源管理的核心内容

在全球化的背景下，培训已成为许多国际大企业大公司投资的重点。美国工商企业每年用于职工培训的经费达数千亿美元，绝大多数企业为职工制订了培训计划以满足高质量要求的工作挑战。同时，多元化带来的社会挑战、技术革新使员工的技能要求和工作角色发生变化，使员工需要不断更新专业知识和技能。

3. 培训与开发是构建学习型组织的基础

随着传统资源的日益稀缺，知识经济的形成和迅速发展，21 世纪最成功的企业是学习型组织。不论利润绝对数，还是销售利润率，学习型企业都比非学习型企业高出许多。

培训与开发作为构建学习型组织的基础，具有重要的地位。

五、培训与开发的发展趋势

目前，培训与开发规模日益壮大，培训与开发水平不断提高，培训与开发技术体系日益完善，培训开发理论体系逐渐形成，人力资源培训与开发领域呈现出以下几方面的发展趋势。

（一）培训与开发的目的：更注重团队精神

培训与开发的目的比以往更加广泛，除了新员工上岗引导、素质培训、技能培训、晋升培训、轮岗培训之外，培训开发更注重企业文化、团队精神、协作能力、沟通技巧等。这种更加广泛的培训开发目的，使每个企业的培训开发模式从根本上发生了变化。

（二）培训与开发的组织：转向虚拟化和更多采用新技术

虚拟培训与开发组织能达到传统培训组织所无法达到的目标。虚拟培训与开发组织是应用现代化的培训与开发工具和培训与开发手段，借助社会化的服务方式而达到培训与开发的目的。现代化的培训与开发工具及手段包括多媒体培训与开发、远程培训与开发、网络培训与开发、电视教学等。在虚拟培训与开发过程中，虚拟培训与开发组织更加注意以顾客为导向，凡是顾客需要的课程、知识、项目、内容，都能及时供给并更新原有的课程设计。虚拟培训与开发组织转向速度快，更新知识和更新课程有明显的战略倾向性。

（三）培训与开发效果：注重对培训与开发效果的评估和对培训与开发模式的再设计

控制反馈实验是检验培训开发效果的正规方法。组织一个专门的培训开发效果测量小组，对进行培训与开发前后的员工的能力进行测试，以了解培训与开发的直接效果。对培训与开发效果的评价，通常有四类基本要素：一是反应，评价受训者对培训开发计划的反应，对培训开发计划的认可度及感兴趣程度；二是知识，评价受训者是否按预期要求学到所学的知识、技能和能力；三是行为，评价受训者培训开发前后的行为变化；四是成效，评价受训者行为改变的结果，如顾客的投诉率是否减少，废品率是否降低，人员流动是否减少，业绩是否提高，管理是否更加有序，等等。

（四）培训与开发模式：更倾向于联合办学

培训与开发模式已不再是传统的企业自办培训与开发的模式，更多是企业与学校联合、学校与专门培训和开发机构联合、企业与中介机构联合或混合联合等方式。社会和政府也积极地参与培训与开发，如再就业工程，社区也在积极地参与组织与管理。政府的专门职能部门也与企业、学校挂钩，如人事部门组织关于人力资源管理的培训，妇联组织关于妇女理论与实践的培训与开发和婚姻、家庭、工作三重角色相互协调的培训与开发等。

六、培训与开发体系

培训与开发是一项系统的工作，一个有效的培训与开发体系可以运用各种培训方式和人力资源开发的技术、工具，把零散的培训资源有机地、系统地结合在一起，从而保证培训与开发工作能持续地、有计划地开展下去。

（一）培训与开发体系

1. 培训与开发体系的定义

培训与开发体系是指一切和培训与开发有关的因素有序地组合，是企业内部培训资源的有机组合，是企业对员工实施培训的一个平台，主要由培训制度体系、培训资源体系、培训运作体系组成。

2. 培训与开发体系的建设与管理

（1）培训制度体系

培训制度是基础，包括培训计划、相关表单、工作流程、学员管理、讲师管理、权责分工、培训纪律、培训评估、培训档案管理制度等。建立培训体系首要工作就是建立培训制度、设计培训工作流程、制作相关的表单、制订培训计划。培训制度的作用在于规范公司的培训活动，作为保证培训工作顺利进行的制度依据。有效的培训制度应当建立在人力资源管理的基础上，与晋升考核等挂钩。

（2）培训资源体系

培训资源体系主要包括培训课程体系、培训设施、培训教材、管理要求等。

①培训课程体系：主要来源于岗位胜任模型，包括岗位式课程体系、通用类课程、专用类课程等培训资源。

②培训设施：培训必备工具（计算机、投影仪、话筒等）；培训辅助工具（摄影机、培训道具）；培训场地。

③培训教材：包括培训光碟、培训书籍、电子教材（软件）等。

④管理要求：定期检查、分类管理、过程记录、专人负责。

（3）培训运作体系

培训运作体系包括培训需求分析、培训计划制订、培训方案设计、培训课程开发、培训实施管控、培训效果评估。

（二）企业大学

1. 企业大学的定义

企业大学又称公司大学，是指由企业出资，以企业高级管理人员、一流的商学院教授及专业培训师为师资，通过实战模拟、案例研讨、互动教学等实效性教育手段，培养企业内部中、高级管理人才和企业供销合作者，满足人们终身学习要求的一种新型教育、培训体系。

企业大学是比较完美的人力资源培训与开发体系，是有效的学习型组织实现手段，也是公司规模与实力的证明。早在 1927 年，通用汽车就创办了 GM 学院，通用电气 1956 年建立的克劳顿培训中心（现在称为领导力发展中心）标志着企业大学的正式诞生。

2. 企业大学的类型

（1）内向型企业大学

内向型企业大学是为构筑企业全员培训体系而设计的，学员主要由企业员工构成，不对外开放，如麦当劳大学、通用电气的领导力发展中心等。

（2）外向型企业大学

外向型企业大学分为两类，一类是仅面向其供应链开放，将其供应商、分销商或客户纳入学员体系当中，主要目的是支持其业务发展，如爱立信学院；另一类是面向整个社会，主要目的是提升企业形象或实现经济效益，如惠普商学院。

第二节　培训需求分析

一、培训需求分析的含义与作用

（一）培训需求分析的含义

所谓培训需求分析，是指在规划与设计每项培训活动之前，由培训部门、主管负责人、培训工作人员等采用各种方法与技术，对参与培训的所有组织及其员工的培训目标、知识结构、技能状况等方面进行系统的鉴别与分析，以确定这些组织和员工是否需要培训及如何培训，弄清谁最需要培训、为什么要培训、培训什么等问题，并进行深入探索研究的过程。

（二）培训需求分析的作用

培训需求分析作为现代培训活动的首要环节，在培训中具有重大作用，具体表现如下。

1. 充分认识现状与目的差距

培训需求分析的基本目标就是确认差距，即确认绩效的应有状况同现实状况之间的差距。绩效差距的确认一般包含三个环节：一是必须对所需要的知识、技能、能力进行分析，即理想的知识、技能、能力的标准或模式是什么；二是必须对现实实践中缺少的知识、技能、能力进行分析；三是必须对理想的或所需要的知识、技能、能力与现有的知识、技能、能力之间的差距进行分析。这三个环节应独立并有序地进行，以保证分析的有效性。

2. 促进人事管理工作和员工培训工作的有效结合

当需求分析考虑到培训和开发时，需求分析的另一个重要作用便是能促进人事分类系统向人事开发系统的转换。包括企业在内的一般组织之中，大部分有自己的人事分类系统。人事分类系统作为一个资料基地，在做出关于补偿金、员工福利、新员工录用、预算等的决策方面非常重要，但在工作人员开发计划、员工培训和解决实际工作等方面的用处很小。

3. 提供解决工作中实际问题的方法

可供选择的方法可能是一些与培训无关的选择，如组织新设与撤销、某些岗位的人员变动、新员工吸收，或者是几个方法的综合。

4. 能够得出大量员工培训的相关成果

培训需求分析能够作为规划开发与评估的依据。一个好的需求分析能够得出一系列的研究成果，确立培训内容，指出最有效的培训战略，安排最有效的培训课程。同时，在培训之前，通过研究这些资料，建立起一个标准，然后用这个标准来评估培训项目的有效性。

5. 决定培训的价值和成本

如果进行了好的培训需求分析，并且找到了存在的问题，管理人员就能够把成本因素引入培训需求分析。这个时候，如果不进行培训的损失大于进行培训的成本，那么培训就是必要的、可行的。反之，如果不进行培训的损失小于培训的成本，则说明当前还不需要或不具备条件进行培训。

6. 能够获得各个方面的协助

工作人员对必要的工作程序的忽视，并不能排除组织对工作人员承担的责任。如果一个组织能够证明信息和技能被系统地传授，就可以避免或减少不利条件的制约。同时，高层管理部门在规划投入时间和金钱之前，对一些支持性的资料很感兴趣。中层管理部门和受影响的工作人员通常支持建立在客观的需求分析基础之上的培训规划，因为他们参与了培训需求分析过程。无论是组织内部还是外部，需求分析提供了选择适当指导方法与执行策略的大量信息，这为获得各方面的支持提供了条件。

二、培训需求分析的内容

培训需求分析的内容主要有三个方面：培训需求的对象分析、培训需求的阶段分析、培训需求的层次分析。

（一）培训需求的对象分析

培训对象分为新员工培训和在职员工培训两类，所以培训需求的对象分析包括新员工培训需求分析和在职员工培训需求分析。

1. 新员工培训需求分析

新员工主要进行企业文化、制度、工作岗位的培训，通常使用任务分析法。新员工的培训需求主要产生于对企业文化、企业制度不了解而不能融入企业，或是对企业工作岗位不熟悉而不能胜任新工作。对于新员工培训需求分析，特别是对于企业低层次工作的新员工培训需求，通常使用任务分析法来确定其在工作中需要的各种技能。

2. 在职员工培训需求分析

在职员工主要进行新技术、技能的培训，通常使用绩效分析法。由于新技术在生产过程中的应用，在职员工的技能不能满足工作需要时而产生培训需求。

（二）培训需求的阶段分析

培训活动按阶段，可分为针对目前存在的问题和不足所进行的目前培训和针对未来发展需要所进行的未来培训。因此，培训需求的阶段分析包括目前培训需求分析和未来培训需求分析。

1. 目前培训需求分析

目前培训需求是针对企业目前存在的不足和问题而提出的培训需求，主要包括分析企业现阶段的生产经营目标、生产经营目标实现状况、未能实现的生产任务、企业运行中存在的问题等，找出这些问题产生的原因，并确认培训是解决问题的有效途径。

2. 未来培训需求分析

这类培训需求是为满足企业未来发展需要而提出的培训需求，主要包括预测企业未来工作变化、职工调动情况、新工作职位对员工的要求以及员工已具备的知识水平和尚欠缺的部分。

（三）培训需求的层次分析

培训需求的层次分析从三个层次进行：战略层次、组织层次、员工个人层次。与此相对应，培训需求的层次分析可分为战略层次分析、组织层次分析和员工个人层次分析三种。

1. 培训需求的战略层次分析

战略层次分析要考虑各种可能改变组织优先权的因素，如引进一项新技术、出现了突发性的紧急任务、领导人的更换、产品结构的调整、产品市场的扩张、组织的分合以及财政的约束等；还要预测企业未来的人事变动和企业人才结构的发展趋势（如高中低各级人才的比例、老中青各年龄段领导的比例等），调查了解员工的工作态度和对企业的满意度，找出对培训不利的影响因素和可能对培训有利的辅助方法。

2. 培训需求的组织层次分析

组织层次分析主要分析的是企业的目标、资源、环境等因素，准确找出企业存在的问题，并确定培训是否是解决问题的最佳途径。组织层次的分析应首先将企业的长期目标和短期目标作为一个整体来考察，同时考察那些可能对企业目标发生影响的因素。因此，人力资源部必须弄清楚企业目标，才能在此基础上做出一份可行的培训规划。

3. 培训需求的员工个人层次分析

员工个人层次分析主要是确定员工目前的实际工作绩效与企业的员工绩效标准对员工技能要求之间是否存在差距，为将来培训效果的评估和新一轮培训需求的评估提供依据。对员工目前实际工作绩效的评估主要依据以下资料：员工业绩考核记录、员工技能测试成绩以及员工个人填写的培训需求调查问卷等资料。

三、培训需求分析的方法与程序

（一）培训需求分析的方法

任何层次的培训需求分析都离不开一定的方法与技术。而这种方法与技术又是多种多样的。在此，从宏观的角度探讨三种方法：必要性分析方法、全面性分析方法、绩效差距分析方法。

1. 培训需求的必要性分析方法

（1）必要性分析方法的含义与内容

所谓必要性分析方法，是指通过收集并分析信息或资料，确定是否通过培训来解决组织存在的问题的方法，它包括一系列的具体方法和技术。

（2）九种基本的必要性分析方法与技术

①观察法。通过较长时间的反复观察，或通过多种角度、多个侧面对有典型意义的具体事件进行细致观察，进而得出结论。

②问卷法。其形式可能是对随机样本、分层样本或所有的“总体”进行调查或民意测验。可采用各种问卷形式，如开放式、投射式、强迫选择式、等级排列式等。

③关键人物访谈。通过对关键人物的访谈，如培训主管、行政主管、专家主管等，了解到所属工作人员的培训需要。

④文献调查。通过对专业期刊、具有立法作用的出版物等的分析、研究，获得调查资料。

⑤采访法。可以是正式的或非正式的、结构性的或非结构性的，可以用于一个特定的群体如行政机构、公司、董事会或者每个相关人员。

⑥小组讨论。像面对面的采访一样，可以集中于工作（角色）分析、群体问题分析、目标确定等方面。

⑦测验法。以功能为导向，可用于测试一个群体成员的技术知识熟练程度。

⑧记录报告法。可以包括组织的图表、计划性文件、政策手册、审计和预算报告；对

比较麻烦的问题提供分析线索。

⑨工作样本法。采用书面形式，由顾问对已作假设并且相关的案例提供书面分析报告；可以是组织工作过程中的产物，如项目建议、市场分析、培训设计等。

2. 培训需求的全面性分析方法

全面性分析方法是指通过对组织及其成员进行全面、系统的调查，以确定理想状况与现有状况之间的差距，从而进一步确定是否进行培训及培训内容的一种方法。

（1）全面性分析方法的主要环节

由于工作分析耗费大量时间，且需要系统的方法，因而分析前制订详细的计划对于全面分析方法的成功实施非常重要。在计划阶段，一般包括计划范围的确定和咨询团体的任命两部分内容。

（2）研究阶段

工作分析的规范制定出以后，工作分析必须探究目标工作。首先检验的信息是工作描述。当研究阶段结束后，工作分析人员应该能从总体上描述一项工作。

（3）任务或技能目标阶段

这一阶段是工作分析的核心，有两种方法可以应用：一种是形成一个完全详细的任务目录清单，即每一项任务被分解成微小的分析单位；另一种方法是把工作剖析成一些任务，然后形成一个描述任务目录的技能目标。

（4）任务或技能分析阶段

工作任务的重要性是能够分析的维度或频率，频率即一定时间内从事一项任务的次数。其他维度包括所需要的熟练水平、严重性及责任感的强弱程度。熟练水平这一维度主要用来考查在不同的任务中是否需要高级、中级或低级的熟练水平。严重性这一维度主要考查何种任务如果执行得不适当、不合理将会产生灾难性后果。责任感的强弱程度这一维度主要用来考查在职工作人员在不同层次的监督下所表现出来的责任感的大小。

3. 培训需求分析的绩效差距分析方法

绩效差距分析方法也称问题分析法，它主要集中在问题而不是组织系统方面，其推动力在于解决问题而不是系统分析。绩效差距分析方法是一种广泛采用的、非常有效的需求分析法。绩效差距分析法的环节如下。

（1）发现问题阶段

发现并确认问题是绩效分析法的起点。问题是理想绩效和实际绩效之间差距的一个指标。其类型诸如生产力问题、士气问题、技术问题、资料或变革的需要问题等。

（2）预先分析阶段

此阶段也是由培训者进行直观判断的阶段。在这一阶段，要注意两个问题：一项是如果发现了系统的、复杂的问题，就要运用全面性分析方法；另一项是确定应用何种工作收集资料。

（3）资料收集阶段

收集资料的技术有多种，各种技术在使用时最好结合起来，经常采用的有扫描工具、分析工具等。

（4）需求分析阶段

需求分析涉及寻找绩效差距。传统上，这种分析考查实际个体绩效同工作说明之间的差距。然而，需求分析也考查未来组织需求和工作说明。既然如此，工作设计和培训就高度结合起来。我们可以把需求分析分为工作需求、个人需求和组织需求三个方面。

（5）需求分析结果

需求分析结果是通过一个新的或修正的培训规划解决问题，是全部需求分析的目标所在。对结果进行分析后，最终确定针对不同需求采取的不同培训方法及不同的培训内容。

（二）培训需求分析的程序

1.做好培训前期的准备工作

培训活动开展之前，培训者就要有意识地收集有关员工的各种资料。这样不仅能在培训需求调查时方便调用，而且能够随时监控企业员工培训需求的变动情况，以便在恰当的时候向高层领导者请示开展培训。

（1）建立员工培训档案

培训部门应建立起员工的培训档案，培训档案应注重员工素质、员工工作变动情况以及培训历史等方面内容的记载。员工培训档案可参照员工人事档案、员工工作绩效记录表等方面的资料来建立。另外，培训者应密切关注员工的变化，随时向其档案里添加新的内容，以保证档案的及时更新和监控作用。

（2）同各部门人员保持密切联系

培训工作的性质决定了培训部门通过和其他部门之间保持更密切的合作联系，随时了解企业生产经营活动、人员配置变动、企业发展方向等方面的变动，使培训活动开展起来更能满足企业发展需要、更有效果。培训部门工作人员要尽可能和其他部门人员建立起良好个人关系，为培训收集到更多、更真实的信息。

（3）向主管领导反映情况

培训部门应建立一种途径，满足员工随时反映个人培训需要的要求。可以采用设立专门信箱的方式，或者安排专门人员负责这一工作。培训部门了解到员工需要培训的要求后应立即向上级汇报，并汇报下一步的工作设想。如果这项要求是书面的，在与上级联系之后，最好也以书面形式作答。

（4）准备培训需求调查

培训者通过某种途径意识到有培训的必要时，在得到领导认可的情况下，就要开始需求调查的准备工作。

2. 制订培训需求调查计划

培训需求调查计划应包括以下几项内容。

（1）培训需求调查工作的行动计划

即安排活动中各项工作的时间进度以及各项工作中应注意的一些问题，这对调查工作的实施很有必要。特别是对于重要的、大规模的需求分析，有必要制订一个行动计划。

（2）确定培训需求调查工作的目标

培训需求调查工作应达到什么目标，一般来说完全出于某种培训的需要，但由于在培训需求调查中会有各种客观或主观的原因，培训需求调查的结果并不是完全可信的。所以，要尽量排除其他因素的影响，提高培训需求调查结果的可信度。

（3）选择合适的培训需求调查方法

应根据企业的实际情况以及培训中可利用的资源选择一种合适的培训需求分析方法。如工作任务安排非常紧凑的企业员工不宜采用面谈法，专业技术性较强的员工一般不用观察法。

（4）确定培训需求调查的内容

确定培训需求调查内容的步骤如下：首先要分析这次培训调查应得到哪些资料，其次排除手中已有的资料，就是需要调查的内容。培训需求调查的内容不要过于宽泛，以免浪费时间和费用；对于某一项内容可以从多角度调查，以便取证。

3. 实施培训需求调查工作

在制订了培训需求调查计划以后，就要按计划规定的行动依次开展工作。实施培训需求调查主要包括以下步骤。

（1）提出培训需求动议或愿望

由培训部门发出制订计划的通知，请各责任人针对相应岗位工作需要提出培训动议或愿望。培训需求动议应由理想需求与现实需求或预测需求与现实需求存在差距的部门和岗位提出。

（2）调查、申报、汇总需求动议

相关人员根据企业或部门的理想需求与现实需求或预测需求与现实需求的差距，调查、收集来源于不同部门和个人的各类需求信息，整理、汇总培训需求的动议和愿望，并报告企业培训组织管理部门或负责人。

（3）分析培训需求

申报的培训需求动议并不能直接作为培训的依据。因为培训需求常常是一个岗位或一个部门提出的，存在一定的片面性，所以对申报的培训需求进行分析，就是要消除培训需求动议的片面性，也就是说要全方位分析。

（4）汇总培训需求意见，确认培训需求

培训部门对汇总上来并加以确认的培训需求列出清单，参考有关部门的意见，根据重要程度和迫切程度排列培训需求，并依据所能收集到的培训资源制订初步的培训计划和预算方案。

4. 分析、输出培训需求结果

（1）对培训需求调查信息进行归类、整理

培训需求调查信息来源于不同的渠道，信息形式有所不同，因此，有必要对收集到的信息进行分类，并根据不同的培训调查内容进行信息的归档，同时要制作表格对信息进行统计，并利用直方图、分布曲线图等工具将信息所表现趋势和分布状况形象地处理。

（2）对培训需求分析、总结

对收集上来的调查资料进行仔细分析，从中找出培训需求。此时应注意个别需求和普遍需求、当前需求和未来需求之间关系。要结合业务发展的需要，根据培训任务重要程度和紧迫程度对各类需求进行排序。

（3）撰写培训需求分析报告

对所有的信息进行分类处理、分析总结以后，根据处理结果撰写培训需求分析报告，报告结论要以调查信息为依据，不能凭个人主观看法得出结论。

第三节　培训计划制订与实施

一、培训计划工作概述

（一）培训计划的概念

培训计划是按照一定的逻辑顺序排列的记录，它是从组织的战略出发，在全面、客观的培训需求分析基础上做出的对培训内容、培训时间、培训地点、培训者、培训对象、培训方式和培训费用等的预先系统设定。

（二）培训计划的类型

培训计划要着重考虑可操作性和效果。以时间跨度为标准，培训计划可以分为长期培训计划、中期培训计划、短期培训计划。

1. 长期培训计划（3 年以上）

长期培训计划必须明确培训的方向性，考虑组织的长远目标、个人的长远目标、外部环境发展趋势、目标与现实的差距、人力资源开发策略、培训策略、培训资源配置、培训资源的需求、培训内容的整合、培训行动步骤、培训效益预测、培训效果预测等因素。

2. 中期培训计划（1~3 年）

中期培训计划是长期计划的进一步细化，要明确培训中期需求、培训中期目标、培训策略、培训资源分配等因素。

3. 短期培训计划（1 年以下）

从目前国内组织的培训实践来看，通常所说的培训计划大多是短期培训计划，更多的是某次或某项目的培训计划。

以上三种计划属于从属关系，从长期到短期培训计划工作不断细化。

二、培训计划的制订

（一）确立培训目的与目标

1. 培训目标的分类

培训目标可以分为提高员工在企业中的角色意识、提高知识和技能、转变态度动机几类。培训目标可分为若干层次，从某一培训活动的总体目标到某个学科直至每堂课的具体目标，越往下越具体。

2. 确定培训目标的注意事项

确定培训目标应当和组织长远目标相吻合，一次培训的目标不要太多，要从学习者的角度出发，明确说明预期课程结束后学员可以拥有哪些知识、信息及能力。目标确立应符合 SMART 原则，即目标必须是具体的，目标必须是可以衡量的，目标必须是可以达到的，目标必须和其他目标具有相关性，目标必须具有明确的截止期限。

（二）确定培训时间

培训时间主要包括培训时机和培训的持续时间。

1. 选择培训时机

企业可选择以下时间作为培训时机：①新员工加盟时；②新技术、新设备引进或生产工艺流程变更时；③满足补救需要时（缺乏合格员工）。

2. 确定培训的持续时间

企业应根据以下因素确定培训的持续时间：①培训内容；②培训费用；③学员素质；④学员的工作与休闲时间的分配。

（三）确定培训场所与设施

确定培训场所与设施时必须注意以下问题：①培训场所的多样化；②判断培训场所与设施的基本要求，即舒适度与合适度；③场所选择必须考虑各种细节。

（四）确定培训者

培训者有广义和狭义之分。广义的培训者包括培训部门领导人、培训管理人员以及培训师；狭义的培训者专指培训师。

1. 培训部门领导人的条件

培训部门领导人的条件包含以下方面：①对培训工作富有热情，具有敬业精神；②有培训与开发工作的实际经验；③以身作则，对受训者和自己一视同仁；④富有远见，能清楚地分析组织的培训要求，对人力资源发展有战略眼光；⑤有良好的知识结构，特别是有培训与开发的专业知识；⑥有良好的职业道德品质和身体状况。

2. 培训管理人员的条件

培训管理人员的条件包含以下方面：①善于与人打交道；②工作主动、积极；③有任劳任怨的精神；④有一定的组织管理能力。

3. 培训师的条件

培训师是企业培训活动的关键环节，培训师资水平直接影响培训活动的实施效果，甚至可能会影响企业领导对人力资源部门和企业培训与开发工作的基本看法。培训师可以来自企业内部或外部。优秀的培训师需要具备以下素质和技能。

（1）态度

培训师应当喜欢培训工作，符合“3C”，即关心（care）、创造性（creativity）和勇气（courage）。

（2）能力

培训师应当具备信息转化能力、良好的交流和沟通能力、一定的组织管理能力、创新能力。

企业内部的培训讲师是企业培训师资队伍的主体，他们能有效传播企业真正需要的知识与技能，对企业有效经验和成果进行共享和复制；同时选择优秀员工担任讲师，为员工职业生涯发展开辟更广阔的道路。所以，企业应注意对内部讲师的培养和激励以及制度建设问题。

外部讲师的选拔同样要遵照相应的程序，还应考虑促进外部讲师授课成果的有效转化。

（五）确定培训对象

一般而言，组织内有三种员工需要培训。

1. 可以改进目前的员工

培训可以使他们更加熟悉自己的工作。

2. 有能力而且组织要求他们掌握另一门技术的员工

培训的目的是将其安排到更重要、更复杂的岗位上。

3. 有潜力的员工

经过培训让他们进入更高层的岗位。

培训对象确定后，最好能立即列出该对象的相关资料，如平均年薪、教育背景、共同特质、曾参加过的培训等。

（六）确定培训内容与项目

培训内容应服务于培训目的与目标。培训的内容一定要科学，既要考虑系统性、适用性，也要考虑超前性，并根据不同的对象和不同的时间有所变化。

1. 确定培训内容与项目的依据

确定培训内容与项目的依据包含以下方面：①以工作岗位标准为依据；②以生产 / 服务质量标准为依据；③以组织的发展目标为依据。

2. 确定培训内容与项目的分析方法

确定培训内容与项目的分析方法包含以下方面：①任务分析法；②缺陷分析法；③技能分析法；④目标分析法。

（七）确定培训方法

培训内容确定后，可以依据知识性课程、技能性课程、态度性课程等不同的课程，选择相适应的培训方法。培训方法主要包括课堂讲授法、研讨法、角色扮演法、游戏法、案例法、敏感性训练、视听法、程序指导、头脑风暴法、模拟法等。

（八）确定培训与开发预算

培训与开发预算是指在一段时间内（通常是 12 个月）培训与开发部门所需要的全部开支。培训与开发预算主要由五部分构成，包括培训场地及设施，培训相关人员的食宿费，培训器材、教材费，培训相关人员工资以及外聘教师讲课费，交通差旅费。

培训与开发预算的确定主要有六种方法。

1. 比较预算法

参考同行业平均培训预算与优秀企业培训预算，结合本企业实际情况确定。

2. 比例确定法

对某一基准值设定一定的比例来决定培训经费预算额。如根据企业全年产品的销售额或总经费预算的一定百分比来确定培训经费预算。

3. 人均预算法

预先确定企业内部人均培训经费预算额，然后再乘以在职人员数量。

4. 推算法

根据过去培训的使用额来推算，或与上一年度对比决定预算。

5. 需求预算法

根据企业培训需求确定一定时限内必须开展的培训活动，分项计算经费，然后加总求和。

6. 费用总额法

企业划定人力资源部门全年费用总额后，再由人力资源部门自行分配预算。

三、编制培训计划书

（一）概念

培训计划书是关于培训计划制订结果的一份文字总结。具体包括培训项目名称、培训目的、培训进度、培训内容、培训步骤、意外控制、注意事项、策划人、日期等。

（二）作用

第一，可对整个项目做一个清晰的说明，同时充分陈述项目的意义、作用和效果，简化培训程序。

第二，信息与分析结果高度浓缩的培训计划书可为高层领导的决策提供必要的依据和便利。

第三，可预先帮助管理者加深对培训项目各个环节的了解，从而做到统筹规划。

（三）编写技巧

编写技巧包含以下方面：①项目名称要尽可能详细地写出。②应写明培训计划者所属部门、职务、姓名。团队形式则应写出团队名称、负责人、成员姓名。③培训计划的目的要尽可能简明扼要，突出核心要点。④培训计划书内容应在认真考虑受众的理解力和习惯的基础上详细说明，表现方式宜简单明了，并可适当加入一些图表。⑤详细阐述培训计划的预期效果，并解释原因。⑥对计划中出现的问题要全部列明，不应回避，并阐述计划者的看法。⑦培训计划书是以实施为前提编制的，通常会有很多注意事项，在编写时应将它们提出来供决策者参考。

四、培训材料

培训材料指能够帮助学习者达成培训目标、满足培训需求的所有资料，具体包括课程描述、课程的具体计划、学员用书、课前阅读资料、教师教学资料包（视听材料、练习册、背景资料、电脑软件等）、小组活动的设计与说明、测试题目。

五、培训实施

（一）明确培训学习的原则

1. 近期目标和长远战略相结合的原则

为了制订科学的、切实可行的培训计划，应该对企业人才需求进行预测，并且充分考虑到企业的生产经营特点、近期目标、长远规划，以及社会劳动力供求变化趋势等因素。要对培训的目标、方法、效益进行周密、细致的研究。通过制订和执行培训计划，保持培训的制度化和连续性。企业还应建立培训效果的追踪检查方案，并根据生产经营的变化，随时对培训计划做出相应的修订。

2. 全员培训与重点提高相结合的原则

全员培训就是有计划、有步骤地对在职的所有员工进行培训，这是提高全体员工素质的必经之路。为了提高培训投入的回报率，培训必须有重点，即注重对对企业兴衰有着重大影响的管理和技术骨干，特别是中高层管理人员的培训；再者，有培养前途的梯队人员，更应该有计划地对其进行培训与开发。

在坚持全员培训与重点提高相结合的原则的同时，要因材施教，处理好员工共性和个性的关系。也就是说，要针对员工的不同文化水平、不同职务岗位、不同要求以及其他差异，区别对待。只有这样，才能最大限度地发挥培训的功能，使员工的才能在培训活动中得到培养和提高，并在生产经营中得以实现。

3. 知识技能培训与企业文化培训兼顾的原则

培训与开发的内容，除了文化知识、专业知识、专业技能外，还应包括理想、信念、价值观、道德观等方面的内容。而后者又要与企业目标、企业文化、企业制度、企业优良传统等结合起来，使员工在各方面都能够符合企业的要求。

4. 理论联系实际，学以致用的原则

员工培训应当有明确的针对性，一定要从本企业实际出发，从实际工作的需要出发，根据企业的实际需要组织培训，使培训与生产经营实际紧密结合，与职位特点紧密结合，与培训对象的年龄、知识结构、能力结构、思想状况紧密结合，目的在于通过培训让员工

掌握必要的技能以完成规定的工作，最终为提高企业的经济效益服务。企业培训既不能片面强调学历教育，也不能片面追求立竿见影。

5. 培训效果的反馈与强化原则

培训效果的反馈与强化是不可缺少的重要环节。培训效果的反馈指的是在培训后对员工进行检验，其作用在于巩固员工学习的技能，及时纠正错误和偏差。反馈的信息越及时、准确，培训的效果就越好。强化则是指由于反馈而对接受培训人员进行的奖励或惩罚。其目的一方面是奖励接受培训并取得绩效的人员，另一方面是加强其他员工的培训意识，使培训效果得到进一步强化。

6. 培训活动的持久性原则

培训作为人力资源体系中的一个很重要的环节，要充分认识到培训的持续作用。仅仅几次培训很难达到预期效果，也不符合人力资源发展规律，那种试图“一蹴而就”的做法是不可取的，时冷时热式的培训虽然可以在一定程度上取得效果，但会挫伤员工的积极性。

7. 培训活动的协调性

首先是时间上的协调。有的培训需要较长的时间，这就不可避免地产生时间冲突，尤其是与员工私人时间的冲突。如果占用太多私人时间，员工参加培训时就会心不在焉，培训效果自然大打折扣。

其次是组织上的协调。有的培训很难把参加的人员组织好，诸如出差、工作忙、开会等因素都会影响培训的人员安排，这就需要培训部门和相关人员协调好，保证大家都有机会参加。

（二）合理选择培训的方法

员工培训的方法是指培训主体（通常是企业）为了实现培训目标而采取的作用于企业员工的各种方式、形式、手段和程序等的总和。它是实现企业员工培训目标的中介和桥梁，是整个员工培训系统的重要组成部分，是提高员工培训实效性的关键之一。企业员工培训方法的综合把握和有效调试，对提高员工培训的实效性有着重要意义。

1. 目前我国企业员工培训方法存在的问题

目前，我国企业员工的培训工作已经取得了一些成就，尤其是一些大企业的员工培训，已经具有相当高的水平。但是受传统观念的束缚，目前企业的员工培训方法在很多方面已经和时代不相吻合，主要存在着以下弊端。

（1）观念落后，认识不足

相当一部分企业将员工培训看作单纯的投入，所以尽可能地减少培训人数和费用。这是一种典型的短视行为，只看到了短期的投入，而没有看到员工培训为企业长远发展所培养、积攒的人力资本。这种陈旧的观念和思想很难与社会同步，需要及时更新。

（2）只重技能，不重素质

企业员工培训的内容很多，一般由知识培训、技能培训和素质培训组成。我国企业的员工培训主要停留在员工的知识和技能方面，对于其他方面则做得不够。如对企业文化的传承、企业内聚力的加强、员工工作热情的激发等方面认识不足，导致我国企业员工的培训只注重技能培训而忽视素质培训。其结果是虽然员工技能得到了长足的提高，但缺乏正确的工作态度和优良的职业精神，导致员工离职率居高不下，企业的培训投入无法得到回报。

（3）不成体系，方法老套

一份权威机构对我国企业的培训调查报告显示，92% 的企业没有完善的员工培训体系，仅有 42% 的企业有自己的培训部门。很多企业一提到员工培训，就是来场讲座或是外派学习一周等形式，很少考虑自身需要，只是为培训而培训。

（4）流于表面，缺乏激励

大部分企业只是注重培训的现场状况，只对培训的组织、培训讲师的表现等最表面的东西进行考评，而对于培训对员工行为的影响，甚至对公司整体绩效的影响却不去考评。外派培训则更为简单，只看培训者有没有培训的合格证书，流于表面，不重视培训的内涵。

2. 完善企业员工培训方法的途径

针对目前国内企业员工培训工作中所存在的弊端和不足，企业员工培训工作要根据企业培训的新目标、新内容，总结其他企业的培训经验，建立符合自身特色和时代特征，并符合规律性、富有实效性的系统方法，具体需要从以下几个方面努力。

（1）注意运用渗透式培训方法

不断加强渗透式培训，是今后企业员工培训方法发展的一个趋势。企业应借鉴国内外先进大公司的有益做法并结合自身特点，探索具体渗透方法。首先，寓员工培训于企业文化建设之中。可通过企业愿景、战略目标、企业价值观等的宣传，引导员工从中获得良好的企业氛围熏陶，提高综合素质，摆正价值取向，选择正确的、和企业发展一致的职业生涯。其次，寓员工培训于开放模式之中。开放的培训模式应该是“面向世界、面向社会、走出企业、多方参与、内外开放、齐抓共管”的模式。

（2）注意运用隐性培训的方法

我国企业的员工培训比较侧重于显性方法，即能让员工明显感到培训意图的方法。这种方法有利于对员工进行正面系统的理论培训，而且容易对培训过程进行监控和评估。但光靠显性方法是不够的，应结合企业实际，借鉴运用隐性培训方法，使员工在不知不觉中得到提高。

（3）注意运用灵活多样的培训方法

正确认识员工的层次性、差异性，是实施灵活多样的培训方法的前提。这就需要与时俱进，以更加多样的方法增强员工培训的针对性和实效性。当然，强调员工培训方法的多样性，并不等于否定员工培训内容的主导性，应用培训方法的多样性来丰富培训主导性的内容，两者相互依存、相互促进、共同发展。

（4）注意科学化的培训方法

传统的企业培训从“本本”出发，沿袭常规不变的教条；而当今时代的员工培训从目标设计到具体实施都经过科学的评估和实验过程，是经过反复论证筛选的结果。科学化的培训方法表现在普遍使用各种较先进的科技来辅助培训，用计算机来处理分析有关资料；也表现在培训观念更新和实践领域的通俗化上。

3. 员工培训的常用方法

随着企业员工培训理论的不断发展和深入，企业对员工培训的方法也变得日趋多样和成熟。员工培训主要的方法有授课法、研讨法、案例法、工作轮换法、户外拓展等。企业培训方式的选择对培训效果有直接影响，因此，对不同的培训对象和培训内容，必须选择不同的培训方法，才能达到企业员工培训的目的。

（1）授课法

授课法是最普遍的员工培训方法，是通过讲师的语言和演示，向员工传授知识和技能。授课法具有方便实施、效率高的特点。在实施授课法时，企业员工培训的内容要符合企业和员工的需求，并考虑员工的接受能力。讲师的选择也是关键，要选择专业经验丰富的授课老师。

（2）研讨法

研讨法是员工培训的重要方法之一，是鼓励员工就所学知识提问、探讨的一种培训方式。通过员工之间的交流来解决学习和生产中存在的问题，有助于巩固理解学习的知识，培养员工的综合能力和解决问题的能力。

（3）案例法

案例法源自国外大学的教学模式，是研讨教学法的延伸。这种方法的主要优点是鼓励员工认真思考、主动参与，并发表个人见解和体会，可以培养员工的表达能力、合作精神。案例法的重点在于如何提高员工培训效果，难点在于教学案例的开发。

（4）工作轮换法

工作轮换法是将员工调到另一个工作岗位去工作，也叫“轮岗培训”。工作轮换法能帮助员工理解多种工作环境，扩展员工的工作经验，适合于培训综合性管理人员。

（5）户外拓展

户外拓展主要是利用有组织的户外活动来培训团队协作能力。这种方法适用于培训与团队效率有关的技能，如自我意识、问题解决、冲突管理和风险承担。户外拓展培训的方式一般是团体性的体育活动或游戏，如登山、野外行军、攀岩、走木桩、翻越障碍及各种专门设计的游戏。企业员工培训方案如果采取户外拓展，一定要有针对性，要通过活动来达到培训员工的目的。

（三）培训内容的选取

1. 培训内容选取的原则

（1）学以致用

企业培训与社会办学不同，社会办学强调的是强化基础、宽化专业，这是因为学生毕业后面对的是整个社会，大多数人很难匹配到狭义上的“对口专业”，只有具备了扎实的基础知识和宽广的专业面，才能较从容地面对就业。而在企业中，每一个员工都有自己的工作岗位，所要适应的知识和技能有一个基本确定的范围。因此，企业对员工的培训应该围绕着这个范围来展开。这样，员工学得会、用得上、见效快，企业成本也低，从而实现成本收益的最优化。

（2）培训的结果对企业和员工都有利

在培训活动中，企业投入的是人、财、物等资源，目的是提升企业的技术能力、产品质量和生产效率，进而提高企业在市场上的竞争力；员工投入的是时间、精力，目的是提升自身的素质和工作技能，赢得尊重，为日后更换工作岗位、晋升、加薪做好准备。

（3）内容丰富、形式多样

在企业中，员工的职系分工不同，应用的知识、技能随之不同；员工的职位层级不同，应用知识、技能的深浅程度也不同。为使每一个员工都得到有针对性的培训，必须有丰富的培训内容。员工培训决不可理解为单调地上课。根据培训的对象、目的、时间周期、培训人数等，培训可采用军体训练、讲课讲座、办短训班或集训队、跟班学习、班组研讨会、外派学习、师傅带徒弟、户外活动等多种形式进行。

2. 新员工培训的主要内容

新员工的岗前培训是最常见的企业培训之一。与一般的企业员工培训不同，新员工培训主要侧重于两个方面：首先，帮助新员工熟悉企业的工作环境，让他们轻松愉快地成为企业中的一员；其次，使新员工了解必要的知识和技能，了解企业的运作程序，使他们熟悉企业的设施和他们的岗位责任。

3. 在职员工培训的主要内容

在企业培训中，对在职员工的培训约占整个企业培训工作量的 80% ～ 90% 在职员工不仅人数众多、培训需求千差万别、现有水平参差不齐，而且这种培训需要长期持续不断、逐步深入地进行。因此，对企业在职人员培训内容的确定，是做好企业培训工作关键之一。在职员工培训主要侧重于对新知识、新技术的培训。

第四节 培训效果评估

一、培训效果评估的作用

在企业培训的某一项目或某一课程结束后，一般要对培训效果进行一次总结性的评估或检查，以便找出受训者究竟有哪些方面的收获与提高。

培训效果评估是一个完整的培训流程的最后环节。它既是对整个培训活动实施成效的评价与总结，同时又为下一个培训活动确定培训需求提供了重要信息，是以后培训活动的重要基础。在运用科学的方法和程序获取培训活动的系统信息前提下，培训效果评估能够帮助企业决策者做出科学的决策，提高培训项目的管理水平，并确保培训活动实现所制定的目标。

（一）培训效果评估是整个培训系统模型的重要组成部分

在整个培训系统中，培训效果评估是一个非常重要的组成部分。没有培训效果评估，整个培训系统将不完整。一个完整的培训系统模型，应该从组织、工作和个人三方面进行分析，确定培训需求；然后进行培训目标的确定，通过确定培训目标，可以确定培训的对象、内容、时间和方法等；接下来是培训计划的拟订，这是培训目标的具体化和操作化；下一步是实施培训活动；最后一步便是培训效果评估。在进行评估时，通过对整个培训项目的成本收益或存在的问题进行总结，为下次培训项目的开展和改进提供有力的帮助。

（二）培训效果评估是培训循环系统的一个关键环节

培训过程应该是一个系统性的循环过程。在这个循环系统中，培训效果评估同样是整个过程的重要环节，属于独立的核心部分，是整个培训系统的一部分，而不是一个孤立的环节，它的变化将影响许多其他子系统的变化。培训效果评估在整个培训系统中有重要的地位，它会给培训过程其他环节带来益处。

（三）培训效果评估可以提高培训的地位

企业培训不同于学校教育。学校教育是一种文化活动，其宗旨是提高全民文化素质，而不要求立即获得现实的经济利益。但是，企业培训通常由企业自身承担，需要消费企业的稀缺资源。培训效果评估能够反映出培训对于企业的作用，同时也充分体现出人力资源部门在组织中的重要作用。特别是在评估中采用一些定量指标进行分析，能够让组织中的每个员工和管理者看到培训投资的有效性，证明培训投资决策的正确性。提高组织管理者对培训的重视，加大对培训的投入。

二、培训效果评估的内容

有关培训效果评估的最著名模型是由美国学者柯克帕特里克（Kirkpatrick）提出的。从评估的深度和难度看，柯克帕特里克的模型包括反映层、学习层、行为层和结果层四个层次，这也是培训效果评估的主要内容。人力资源培训人员要确定最终的培训评估层次和内容，因为这将决定要收集的数据种类。

（一）反映层评估

反映层评估是指受训人员对培训项目的看法，包括对材料、讲师、设施、方法和内容等的看法，这些反映可以作为评估培训效果的内容和依据。反映层评估的主要方法是问卷调查。问卷调查是在培训项目结束时，收集受训人员对于培训项目的效果和有用性的反映，受训人员的反映对于重新设计或继续培训项目至关重要。反映问卷调查易于实施，通常只需要几分钟的时间。

（二）学习层评估

学习层评估是目前最常见也最常用到的一种评价方式。它是测量受训人员对原理、事实、技术和技能的掌握程度。学习层评估的方法包括笔试、技能操练和工作模拟等。培训组织者可以通过笔试、绩效考核等方法来了解受训人员培训后在知识以及技能方面有多大程度的提高。

（三）行为层评估

行为层评估往往发生在培训结束后的一段时间，由上级、同事或客户观察受训人员，确定其行为在培训前后是否有差别，他们是否在工作中运用了培训中学到的知识。这个层次的评估可以包括受训人员的主观感觉、下属和同事对其培训前后行为变化的对比，以及受训人员本人的自评。这种评价方法要求人力资源部门与职能部门建立良好的关系，以便不断获得员工的行为信息。

（四）结果层评估

结果层评估上升到组织的高度，即评估组织是否因为培训而经营得更好。这可以通过一些指标来衡量，如事故率、生产率、员工流动率、质量、员工士气以及企业对客户的服务等。通过对这些组织指标的分析，企业能够了解培训带来的收益。例如人力资源开发人员可以通过比较培训前后事故率，分析事故率的下降有多大程度归因于培训，确定培训对组织整体的贡献。

三、培训效果评估的方法

（一）培训效果的定性、定量评估方法

1. 培训效果的定性评估方法

培训效果的定性评估方法是指评估者在调查研究、了解实际情况的基础之上，根据自己的经验和相关标准，对培训效果做出评价的方法。这种方法的特点在于评估的结果只是一种价值判断，如“培训整体效果较好”“培训讲师教学水平很高”之类的结论，因此它适合于对不能量化的因素进行评估，如员工工作态度的变化。目前国内大多数企业采用这种培训评估方法。

2. 培训效果的定量评估方法

定性评估方法只能对培训活动和受训人员的表现做出原则的、大致的、趋向性的判断，而定量评估方法能对培训作用的大小、受训人员行为方式改变的程度及企业收益多少给出数据解释，通过调查统计分析来发现和阐述行为规律。从定量分析中得到启发，然后以描述形式来说明结论，这在行为学中是常见的处理方法。

（二）培训效果评估的主要技术方法

培训效果评估技术通过建立培训效果评估指标及评估体系，对培训的成效进行检查与评价，把评估结果反馈给相关部门。它可作为下一步培训计划与培训需求分析的依据之一。以下介绍几种培训效果评估的技术方法。

1. 目标评价法

目标评价法要求在制订培训计划时，将受训人员完成培训计划后应学到的知识、技能，应改进的工作态度及行为，应达到的工作绩效标准等目标列入其中。培训课程结束后，应将受训者的测试成绩和实际工作表现与既定培训目标相比较，得出培训效果，作为衡量培训效果的根本依据。目标评价法操作成功的关键在于确定培训目标，所以在培训实施之前企业应制定具有可确定性、可检验性和可衡量性的培训目标。

2. 绩效评价法

绩效评价法是由绩效分析法衍生而来的。它主要用于评估受训者行为的改善和绩效的提高。绩效评价法要求企业建立系统而完整的绩效考核体系。在这个体系中，要有受训者培训前的绩效记录。在培训结束 3 个月或半年后，对受训者再进行绩效考核时，只有对照以前的绩效记录，企业才能明确地看出培训效果。

3. 关键人物评价法

所谓的关键人物是指与受训者在工作上接触较为密切的人，可以是他的上级、同事，

也可以是他的下级或者顾客等。有研究发现，在这些关键人物中，同级最熟悉受训者的工作状况，因此，可采用同级评价法，向受训者的同级了解其培训后的改变。这样的调查通常很容易操作，可行性强，能够提供很多有用信息。

4. 测试比较法

无论是国内的学者还是国外的学者，都将员工通过培训学到的知识、原理和技能作为企业培训的效果。测试比较法是衡量员工知识掌握程度的有效方法。在实践中，企业会经常采用测试法评估培训效果，但效果并不理想，原因在于没有加入任何参照物，只是进行简单的测试，而有效的测试法应该是具有对比性的测试比较法。

5. 收益评价法

企业的经济性特征迫使企业必须关注培训的成本和收益。培训收益评价法就是从经济角度综合评价培训项目，计算出培训为企业带来的经济收益。

这五种培训效果评估方法，一般可以多种方法联合使用。企业在操作中，可以利用一些常用的工具，如问卷调查、座谈会、面谈、观察等，取得相关数据，再将两组或多组不同的数据进行分析比较。

第五章　员工薪酬管理

第一节　薪酬管理概述

一、与薪酬有关的基本概念

（一）报酬

在为组织或雇主工作的时候，劳动者之所以愿意付出自己的劳动、时间、技能等，是因为他们期望自己能够获得与个人劳动价值相符的回报。通常情况下，将员工为某个组织工作而获得的所有他认为有价值的东西统称为报酬。

可以用两种不同的方式来对报酬进行分类。一种方法是将报酬划分为经济报酬和非经济报酬，另一种方法是将报酬划分为内在报酬和外在报酬。经济报酬和非经济报酬之间的界线是，某种报酬是不是以金钱形式提供的，或者能否以货币为单位来加以衡量。经济报酬通常包括各种形式的薪酬和福利（其中，薪酬又被称为直接报酬，福利又被称为间接报酬）。而非经济报酬则包括成长和发展的机会、从事富有挑战性的工作的机会、参与决策的机会、特定的个人办公环境、工作地点的交通便利性等。内在报酬和外在报酬的区别在于，某种报酬对劳动者所产生的激励是外部刺激，还是发自内心的心理激励。

（二）薪酬

薪酬显然是报酬的一部分，但是薪酬应包含哪些报酬？目前并无定论。对于薪酬的概念，通常可以划分为三类。

第一种是宽口径的界定，即将薪酬等同于报酬，即员工由于完成了自己的工作而获得的内在报酬和外在报酬。

第二种是中等口径的界定，即员工因为雇佣关系的存在而从雇主那里获得的各种形式的经济收入以及有形服务和福利。这一概念包括薪酬（直接经济报酬）和福利（间接经济报酬）。

第三种是窄口径的界定，即薪酬仅仅包括货币性薪酬（基本薪酬和激励薪酬或浮动薪酬之和），而不包括福利。

在本书中，我们将采用第三种定义方式，即薪酬仅仅包括直接的货币性薪酬（其中包括固定部分和浮动部分两方面内容），但是不包括福利。为了行文上的方便和用语的简练，我们在有些时候也会简单地用“薪酬”一词来代表“薪酬福利”，比如“薪酬管理”一词实际上包括薪酬和福利的管理，而“薪酬调查”也包括薪酬和福利的调查。

（三）总薪酬

总薪酬有时也称为全面薪酬，它概括了各种形式的薪酬和福利，其中包括基本薪酬、激励薪酬、津贴和补贴、福利、股票和股权等多种经济性报酬。

1. 基本薪酬

基本薪酬由员工的职位、所承担的职责、所需要的技能等因素决定，常常忽视员工之间的个体差异。基本薪酬是员工能获得的稳定报酬，是员工收入的主要部分，也是计算员工其他收入，如绩效加薪、某些重要福利的基础。假设某企业实行工时定额的某流水线操作工，每一个工时的工资是 10 元，操作工的基本薪酬所得就取决于工作时间的长短，平时加班将按该标准的 150%、周末按 200%、节假日按 300% 支付。

绩效加薪也属于基本薪酬的范畴，它是根据员工工作绩效确定的基本薪酬的增长，许多企业有类似的规定，在年度绩效评估中被评为优秀的员工，会在下一年获得基本薪酬增加 10% ～ 20% 的待遇。

2. 激励薪酬

激励薪酬是薪酬系统中与绩效直接挂钩的经济性报酬，有时也称为绩效薪酬、可变薪酬或奖金。激励薪酬的目的是在绩效和薪酬之间建立起一种直接的联系，这种业绩既可以是员工个人的业绩，也可以是组织中某一业务单位、员工群体、团队甚至整个公司的业绩。由于在绩效和薪酬之间建立了这种直接的联系，激励薪酬对于员工具有很强的激励性，对于组织绩效目标的达成起着非常积极的作用。它有助于强化员工个人、群体乃至全体员工的绩效，从而达到节约成本、提高产量、改善质量以及增加收益等目的。

绩效加薪与激励薪酬都与员工绩效有关，不同的是：绩效加薪是对员工过去优秀绩效的一种奖励，它是以员工个人的绩效评价等级为基础的，而激励薪酬是提前约定好的，比如奖金多少、收益分享的比例等，激励薪酬是为了影响员工将来的行为；绩效加薪是对基本工资的永久增加，而奖金是一次性支付。

3. 津贴和补贴

津贴和补贴是对工资制度的补充，是对雇员超额劳动或增收节支的报酬形式。津贴是指对工资或薪水等难以全面、准确反映的劳动条件、劳动环境等对员工身心造成的某种不利影响，或者为了保证员工工资水平不受物价影响而支付给员工的补偿。人们常把与员工生活相联系的补偿称为补贴，如交通补贴、住房补贴、生育补贴等，津贴与补贴常以货币形式支付给员工。

4. 福利

福利分为法定福利和非法定福利。员工福利同基本薪酬一样是员工的劳动所得，属于劳动报酬的范畴，但这不同于基本薪酬，其不同表现在以下几个方面：①基本薪酬是按劳付酬，员工之间基本薪酬存在差别，而员工福利是根据用人单位、工作和员工的需要进行支付，员工之间的福利差别不大；②基本薪酬是直接的劳动力再生产费用，而员工福利是间接的劳动力再生产费用；③基本薪酬金额与岗位需求和劳动素质相关，而员工福利则与之无关；④基本薪酬作为人工成本随工作时间的变化而发生变化，而员工福利作为人工成本则随人数的变化而变化，有些福利从利润中支付，不列入成本；⑤基本薪酬具有个别性、稳定性，而员工福利则具有集体性和随机性。

5. 股票和股权

股票和股权是新型的薪酬形式。前者是企业员工持有企业的股票，后者是一种权利。股权是将企业的一部分股份作为薪酬授予员工，使员工成为企业的股东，享有同股东一样的分红权。

二、薪酬的作用

（一）员工方面

1. 经济保障功能

薪酬是员工以自己的劳动、时间和技能的付出为企业创造价值而获得的回报，薪酬是他们的主要收入来源，它对于员工及其家庭生活起到的保障作用是其他收入保障手段无法替代的。薪酬对于员工的保障并不仅仅体现在满足员工在吃、穿、用、住和行等方面的基本需要，同时还体现在满足员工娱乐、教育和自我开发等方面的需要上。总之，薪酬水平的高低对于员工及其家庭的生存状态和生活方式所产生的影响是非常大的。

2. 激励功能

员工对薪酬状况的感知可以影响员工的工作行为、工作态度以及工作绩效，即产生激励作用。有研究结果表明，人在没有科学的激励下只能发挥能力的20%～30%，而在合理的激励下则发挥其能力的80%～90%。也就是说，一个人被充分激励之后发挥的作用相当于之前的3～4倍，激励是管理的核心，而薪酬是激励的主要因素。总薪酬中的绩效加薪或激励薪酬（奖金）都属于激励性薪酬，它直接影响着员工的工作绩效。

3. 社会信号功能

薪酬作为信号可以很好地反映一个人在社会流动中的市场价值和社会位置，还可以反映一个人在组织内部的价值和层次，可见，员工薪酬水平的高低除了具有经济保障功能以外，还向他们传递信号，人们可以根据这个信号来判断员工的家庭、朋友、职业、受教育程度、生活状态，甚至宗教信仰、政治取向等。

（二）企业方面

1. 促进战略实现，改善经营绩效

员工是组织的基础，组织如果没有员工就无法实现经营管理，无法达到组织制订的目标，也无法实现组织的战略，而薪酬是引进、保留和激励员工的重要手段，因此薪酬是促进组织战略实现的基础。另外，由于薪酬决定了现有员工受到激励的状况，影响他们的工作效率、缺勤率、对组织的归属感以及对组织的承诺度，从而直接影响企业的生产能力和生产效率。通过合理的薪酬设计，企业可以向员工传递企业期望的行为、态度和绩效，通过这种信号的引导，员工的工作行为和态度以及最终的绩效将会朝着企业期望的方向发展，从而改善企业的经营绩效。

2. 塑造和增强企业文化

薪酬影响员工的工作行为和工作态度。薪酬制度可能促进企业塑造良好的文化氛围，也可能与企业现有的价值观形成冲突。比如，企业实行的是以个人绩效为基础的激励薪酬的方案，那么企业就容易强化个人主义的文化氛围；反之，企业实行的是以团队绩效为基础的激励薪酬方案，那么企业就会形成支持团队的文化氛围。薪酬的导向作用要求企业必须建立科学合理并具有激励性的薪酬制度，从而对企业文化的塑造起到积极的促进作用。

3. 成本控制功能

薪酬是企业的人力资源成本，尽管人力资源成本在不同行业和不同企业的总成本中所占的比重不同，但对于任何企业来说，薪酬都是不容忽视的成本支出，因此有效地进行薪酬管理，控制薪酬成本对大多数企业来说具有重大的意义。

4. 支持和推动企业变革

面临竞争激烈的经营环境，企业的变革已经成为企业经营过程中的常态，企业如果不变革将很快被淘汰，因此企业为了适应这种状态，需要重新设计战略、流程再造、调整组织结构、变革文化、设计团队等。这一切都离不开薪酬，因为薪酬可以通过影响个人、工作团队和企业整体来创造出与变革相适应的内外部氛围，从而推动企业变革。

三、影响薪酬的因素

在市场经济条件下，薪酬管理活动受内外部许多因素的影响，为了保证薪酬管理的有效实施，必须对这些影响因素有所认识和了解。一般来说，影响企业薪酬管理的各项决策的因素主要有三类：一是企业外部因素；二是企业内部因素；三是员工个人因素。

（一）企业外部因素

1. 国家法律法规与政策

国家法律法规与政策对企业行为具有强制性的约束作用，因此企业在进行薪酬管理时

应当首先考虑这一因素，在法律法规与政策规定的范围内进行薪酬管理。例如，政府的最低工资标准规定了企业支付薪酬的下限；社会保险法律规定了企业必须为员工缴纳一定数额的社会保险费。

2. 劳动力市场状况

按照经济学的解释，薪酬就是劳动力的价格，它取决于供给和需求的对比关系，在企业需求一定的情况下，劳动力市场紧张，就会造成劳动力资源供给减少，劳动力资源供不应求的时候，劳动力价格就会上涨，此时企业要想获取必要的劳动力资源，就必须相应地提高薪酬水平；反之，企业可以维持甚至降低薪酬水平。

3. 物价水平

薪酬最基本的功能是保障员工的生活，因此对员工来说更有意义的是实际薪酬与物价水平的比例。当整个社会的物价水平上涨时，为了保证员工的实际生活水平不受或少受影响，支付给他们的薪酬也要调整。

4. 其他企业的薪酬状况

其他企业的薪酬状况对企业薪酬管理的影响是最直接的，这是员工进行横向公平性比较时非常重要的参考因素。当其他企业，尤其是竞争对手的薪酬水平提高时，为了保证外部的公平性，企业也要相应地提高自己的薪酬水平，否则就会造成员工的不满意甚至流失。

（二）企业内部因素

1. 企业的经营战略

薪酬管理要服从和服务于企业的经营战略，不同的经营战略下，企业的薪酬管理也会不同，见表 4 所示。

表4 不同经营战略下的薪酬管理

经营战略	经营重点	薪酬管理
成本领先战略	1.一流的操作水平 2.追求成本的有效性	1.重点放在与竞争对手的成本比较和提高激励薪酬的比重上 2.强调制度的控制性、具体的工作说明和生产率
创新战略	1.产品领袖 2.向创新性产品转移 3.缩短产品生命周期	1.奖励在产品以及生产方法方面的创新 2.以市场为基准的工资 3.弹性/宽泛性的工作描述
客户中心战略	1.紧紧贴近客户 2.为客户提供解决问题的办法 3.加快营销速度	1.以顾客满意作为奖励的基础 2.以顾客进行工作评价或技能评价

2. 企业的经营战略

企业处于不同的发展阶段时，其经营重点和面临的外部环境是不同的，因此在不同的发展阶段，薪酬形式也是不同的，如表 5 所示。

表5 企业不同发展阶段下的薪酬管理

企业发展阶段		开创	成长	成熟	稳定	衰退	再次创新
薪酬形式	基本薪酬	低	中	高	高	高	中
	激励薪酬	高	高	中	低	无	高
	福利	低	低	中	高	高	低

3. 企业财务状况

薪酬是企业的重要开支，因此企业的财务状况也会对薪酬产生重要影响，良好的财务状况可以保证薪酬水平的竞争力和薪酬支付的及时性。

（三）员工个人因素

1. 员工所处的职位

在目前主流的薪酬管理理论中，这是决定员工个人基本薪酬以及企业薪酬结构的重要基础，也是内部公平性的重要体现，职位对员工薪酬的影响并不完全来自级别，而主要是职位所承担的工作职责以及对员工的任职资格要求。

2. 员工的绩效表现

员工的绩效表现是决定其激励薪酬的重要基础，在企业中，激励薪酬往往与员工的绩效联系在一起，它们具有正相关关系。总的来说，员工的绩效越好，其激励薪酬就会越高。此外，员工的绩效表现还会影响其绩效加薪，进而影响基本薪酬的变化。

3. 员工的工作年限

工作年限主要有工龄和司龄两种表现形式，工龄是指员工参加工作以来的时间，司龄是指员工在本企业中的工作时间。工作年限会对员工的薪酬水平产生一定的影响，一般来说，工龄和司龄越长的员工，薪酬的水平相对较高。

四、薪酬的基本决策

（一）薪酬体系决策

薪酬体系决策的主要任务是确定组织决定员工基本薪酬的基础是什么。当前，国际上通行的薪酬体系主要有三种，即职位薪酬体系、技能薪酬体系以及能力薪酬体系，其中职位薪酬体系的运用最广泛。职位薪酬体系、技能薪酬体系以及能力薪酬体系，顾名思义，就是指组织在确定员工的基本薪酬水平时所依据的分别是员工从事的工作自身的价值、员工自身的技能水平以及员工所具备的胜任能力。其中，职位薪酬体系是以工作和职位为基础的薪酬体系，而技能和能力薪酬体系则是以人为基础的薪酬体系。职位薪酬体系、技能薪酬体系和能力薪酬体系之间的区别见表 6 所示。

表6　职位薪酬体系、技能薪酬体系和能力薪酬体系之间的区别

项目	职位薪酬体系	技能薪酬体系	能力薪酬体系
薪酬基础	以员工所在的职位为基础	以员工掌握的技能为基础	以员工的能力为基础
价值决定	职位价值的大小	技能的多少	能力的高低
设计程序	工作分析和工作评价	技能等级的分析与认定	能力要素分析与评价
工作变动	薪酬随着职位变动	薪酬保持不变	薪酬保持不变
培训作用	是工作需要而不是员工意愿	增加工作技能和报酬	增加工作能力和报酬
员工晋升	需要有空缺的职位	通过技能认证	通过能力测试
员工关注	追求职位的晋升以获得更高报酬	追求工作技能的积累	寻求能力的提升
优点	按职位系列进行薪酬管理比较简单、稳定，节约成本	鼓励员工持续学习新技能，优秀专业人才能安心做本职工作	员工有更多的发展机遇，鼓励员工自我发展
缺点	员工晋升无望时会消极怠工，不利于激励员工，不灵活	培训费用和薪酬增加，技能薪酬设计较复杂	能力不等于业绩，能力的界定与评价相当难

（二）薪酬水平决策

薪酬水平是指组织中各职位、各部门以及整个组织的平均薪酬水平，薪酬水平决定了组织薪酬的外部竞争性。企业的薪酬水平越高，其在劳动力市场上的竞争力就越强，但是相对来说成本也会越高。在传统的薪酬管理中，企业关注的是整体薪酬水平，目前企业关注整体薪酬水平的同时，也开始关心不同企业各职位薪酬水平的比较。企业在确定薪酬水平时，通常可以采用四种策略：领先型策略、匹配型策略、拖后型策略、混合型策略，如表 7 所示。

表7　薪酬水平策略的类型

类型	特点
领先型策略	薪酬水平高于市场平均水平；企业的薪酬相对而言比较有竞争力，成本相对来说较高
匹配型策略	薪酬水平与市场平均水平保持一致；企业的薪酬相对而言竞争力中等，成本也是中等
拖后型策略	薪酬水平要明显低于市场平均水平；企业的薪酬竞争力弱，但成本比较低
混合型策略	针对企业内部的不同职位采用不同的策略，如对关键职位采用领先型策略，对辅助性职位采用匹配型策略，而对一线员工则采用拖后型策略

（三）薪酬构成决策

薪酬构成是指在员工和企业总体的薪酬中，不同类型薪酬的组合方式。对于企业而言，

基本薪酬、激励薪酬（奖金）与间接薪酬（福利）都是经济性支出，但这三种薪酬的作用又不完全相同。基本薪酬在吸引、保留人员方面效果比较显著；激励薪酬在激励人员方面效果比较显著；间接薪酬在保留人员效果方面比较显著。根据这三者所占比例的不同，可以划分为三种模式：高弹性薪酬模式、高稳定薪酬模式和调和型薪酬模式。高弹性薪酬模式是激励性很强的薪酬模式，激励薪酬是薪酬的主要组成部分；高稳定薪酬模式是稳定性很强的薪酬模式，基本薪酬占主导地位，激励薪酬占较少比重；调和型薪酬模式兼具激励性和稳定性，基本薪酬和激励薪酬所占比例基本相当。

（四）薪酬结构决策

薪酬结构指企业内部的薪酬等级数量，每一等级的变动范围及不同薪酬等级之间的关系等。薪酬结构反映企业内部各个职位之间薪酬的区别，对于员工而言具有重要的价值。在薪酬管理中，会根据员工的职位（或者能力）确定员工的薪酬等级，这一等级确定后，员工的薪酬也就基本确定。薪酬结构的设计会直接影响员工的薪酬，以及今后员工薪酬变动的可能性。因此，企业的薪酬结构设计得比较合理时，会对员工的吸引、保留与激励产生积极作用，反之则会带来负面影响。

第二节　薪酬设计

一、薪酬设计的原则

（一）公平性原则

根据公平理论，员工会进行两方面的比较：一是会将自己的付出与回报进行比较；二是会将自己的付出与回报和其他人进行比较。如果员工觉得二者有不公平的现象，那么薪酬就不能起到激励员工的作用，还会因此影响员工的工作积极性，降低其工作效率，造成紧张的人际关系等。因此，薪酬的设计要尽量公平，在现实中虽然不能做到完全公平，但至少在薪酬设计时应保证公平。薪酬设计的公平性可以从两个方面来考虑：一是外部公平性，指的是同一行业、同一地区、不同企业中类似的职位薪酬应基本一致；二是内部公平性，指的是在企业内部，员工所获得的薪酬应与其从事的工作岗位所要求的知识、技能、经验等相匹配。另外，不同职位如果没有太大差别，贡献或业绩相当，所获取的薪酬也应基本一致。

（二）激励原则

激励原则包含两个方面的含义：一是薪酬设计应该做到按劳分配，多劳多得，即按不同技能、不同知识水平、不同能力、不同业绩水平等定薪，奖勤罚懒和奖优罚劣，这样才能发挥薪酬的激励性；二是组织要根据不同员工的不同需求，真实地了解员工的需求，利用薪酬的多样化组合来满足员工，从而达到激励的目的。

（三）经济性原则

在薪酬设计的过程中固然要考虑薪酬水平的竞争性和激励性，但同时还要充分考虑企业自身发展的特点和承受能力。员工的报酬是企业生产成本的重要组成部分，过高的薪酬水平必然会导致人力成本的上升和企业利润的减少。因此，应该考虑人力资源成本的投入和产出比，把人力资源成本控制在经济合理的范围，使企业的薪酬既具有激励性又能确保企业的正常运转。

（四）合法性原则

企业薪酬分配制度必须符合国家的有关政策与法律。为了维持社会经济的持续稳定发展，维护劳动者应取得的合法劳动报酬和必须拥有的劳动权益，我国政府颁布了一系法律法规，如《中华人民共和国劳动法》《中华人民共和国劳动合同法》《最低工资规定》《工资支付暂行规定》等，这些法律法规对薪酬确定、薪酬水平、薪酬支付等进行了明确的规定。企业在设计薪酬过程中一定要遵守相关的法律法规，避免因薪酬问题引起劳动纠纷。

二、薪酬设计的流程

制订科学合理的薪酬体系是企业人力资源管理的重要工作，薪酬设计的要点在于对内具有公平性，对外具有竞争性。薪酬设计需要考虑的因素较多，一般来说，企业要建立的是既能让大多数员工满意，又能确保企业利益的互利双赢薪酬设计模式，其一般流程可大致分为以下几个步骤（如图 3 所示）。

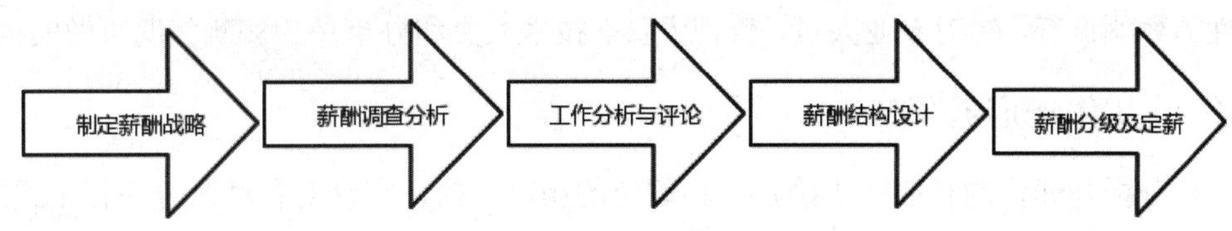

图 3　薪酬设计的流程

（一）制定薪酬战略

企业人力资源战略服务于企业战略，因此薪酬战略也要考虑企业的战略和企业的目标。制定薪酬战略要考虑以下问题：薪酬管理如何支持企业的战略实施，薪酬的设计如何达成组织内部的公平性和外部的竞争性，如何制定薪酬战略才能真正地激励员工，如何提高薪酬成本的有效性等。

（二）薪酬调查分析

企业要吸引和留住员工，不但要保证企业薪酬的内部公平性，而且要保证企业薪酬的外部竞争力，因此要进行薪酬调查。薪酬调查，就是通过一系列标准、规范和专业的方法，对市场上各职位进行分类、汇总和统计分析，形成能够客观反映市场薪酬现状的调查报告，为企业提供薪酬设计方面的决策依据及参考。因为薪酬调查是将企业内部的薪酬状况和其他企业薪酬状况进行比较，所以组织首先要进行全面的企业内部薪酬满意度调查，以了解企业内部的薪酬现状及发展需求，做到发现问题、弄清原因、明确需要、确保薪酬体系设计的客观性与科学性。同时，还要对同类、同行企业的外部薪酬水平状况做深入细致的调查。

对企业外部薪酬调查分析的主要内容一般包括以下三个方面：①目标企业的薪酬政策。是控制成本还是激励或吸引员工；薪酬构成是高弹性、稳定性模式还是折中式模式；薪酬的其他政策，包括加班费计算、试用期薪酬标准等。②薪酬的结构信息。主要包括企业职位或岗位的组织结构体系设计、薪酬等级差、最高等级与最低等级差、薪酬的要素组合、基本薪酬与福利的比例、激励薪酬的设计等。③薪酬的纵向与横向水平信息。包括基本薪酬信息、激励薪酬信息及福利薪酬信息等。

由于这些调查对象一般都是竞争对手，且薪酬制度往往被其视为商业机密，一般不愿意提供实质性的调查资料。因此，薪酬市场调查分析一般会比较困难，需要企业从多方面、多渠道进行信息采集，直接或间接地收取调查资料。一般来说，薪酬的调查方法分四种：企业薪酬调查、商业性薪酬调查、专业性薪酬调查和政府薪酬调查，企业薪酬调查是企业之间互相调查；商业性薪酬调查一般由咨询公司完成；专业性薪酬调查是由专业协会针对薪酬状况所进行的调查；政府薪酬调查是指由国家劳动、人事、统计等部门进行的薪酬调查。例如，美国劳工统计局（BLS）每年都要进行三类调查研究，包括地区性的薪酬调查，行业性的薪酬调查，针对专业人员、管理人员、技术人员和办事员的薪酬状况所做的调查。

（三）工作分析与评价

工作分析与评价的目的在于确定一种职位的相对价值，它是对各种职位进行正式的、系统的相互比较的过程。通过工作分析与评价，能够明确职位的工作性质，所承担责任的大小，劳动强度的轻重，工作环境的优劣，劳动者应具备的工作经验、知识技能、身体条件等方面的具体要求。同时，根据这些信息采取科学的方法，对企业所有的职位的相对价值做出客观的评价，并确定某一职位相对于其他职位的价值，从而确定工资或薪资的等级结构。工作评价的基本原则是那些要求具备更高的任职资格条件、需要承担更多的责任以及需要履行更复杂的职责的职位，应当比那些在这些方面的要求更低一些的职位价值更高一些。

对于企业的员工来说，他们所感受到的公平合理，一方面来自外部市场上同类职位薪酬水平相比的结果；另一方面则来自内部同类、同级别职位人员的薪酬水平的比较。因此，我们不仅要关注职位的绝对价值，还要关注职位的相对价值，而职位的相对价值则要通过工作评价来确定。工作评价是工作分析的必然结果，同时又以职位说明书为依据。工作评价就是要评定职位的相对价值，制订职位的等级，以确定基本薪酬的计算标准。

（四）薪酬结构设计

通过工作分析与评价，可以表明每一个职位在企业中相对价值的顺序、等级。工作的完成难度越大，对企业的贡献越大，其重要性就越大，这也就意味着它的相对价值越大。通过薪酬调查以及对组织内外部环境的分析，可以确定组织内各职位的薪酬水平，规划各个职位、岗位的薪酬幅度、起薪点和顶薪点等关键指标。要使工作的相对价值转换为实际薪酬，需要进行薪酬结构设计。

薪酬结构是指工作的相对价值与其对应的工资之间保持的关系。这种关系不是随意的，是以服从某种原则为依据的，具有一定的规律，通常这种关系用“薪酬政策线”来表示。从理论上讲，薪酬政策线可呈任意曲线形式，但实际上它们多呈直线或由若干直线段构成的折线形式。这是因为薪酬设计必须遵循的基本原则是公平性，组织内各职位的报酬与员工的付出应基本相等，各职位的相对价值就是员工付出的反映，因此绘制薪酬政策线各点的斜率应该基本相等，薪酬政策线呈直线（如图 4 所示）。

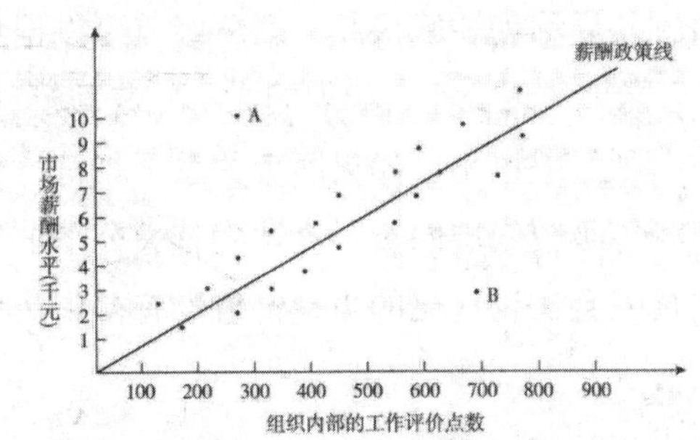

图 4　工作评价点数与市场薪酬水平合成的散点图

一般来说，薪酬调查的结果或职位评价的结果，即外部公平性和内部公平性是一致的，也就是说，外部市场薪酬水平和评价点数或序列等级确定的薪酬点都分布在薪酬政策线的周围。但是，有时也会出现不一致的情况，这时薪酬点就会明显地偏离薪酬政策线。如图 4 中的 A、B 两点，这表明内部公平性和外部公平性之间出现了矛盾。例如，A 点表示该职位按照内部公平性确定的薪酬水平要高于市场平均的薪酬水平。当内部公平性和外部公平性不一致时，通常要按照外部公平性优先的原则来调整这些职位薪酬水平。否则，要么就是这些职位的薪酬水平过低，无法招聘到合适的人员；要么就是薪酬水平过高，企业承担了过高的成本。最后，企业还要根据自己的薪酬策略来对薪酬政策曲线做出调整。上面所讲的薪酬政策曲线是按照市场平均薪酬水平建立的，因此如果企业实行的是领先型或拖后型薪酬策略，就应当将薪酬政策曲线向上或向下平移，平移的幅度取决于领先或拖后的幅度，如果实行的是匹配型策略，薪酬政策曲线就可以保持不动。

（五）薪酬分级及定薪

绘制好组织薪酬政策曲线以后，通过薪酬政策曲线就可以确定每个职位的基本薪酬水平。但是当企业的职位数量比较多时，如果针对每个职位设定薪酬标准，会大大提高企业的管理成本。因此，在实际操作中，还需要在薪酬的每一个标准内增设薪酬等级，即在众多类型工作职位的薪酬标准内再组合成若干等级，形成薪酬等级标准系列。通过职位工作评价点数的大小与薪酬标准对应，可以确定每一个职位工作的具体薪酬范围或标准，以确保职位薪酬水平的相对公平性，如图 5 所示。

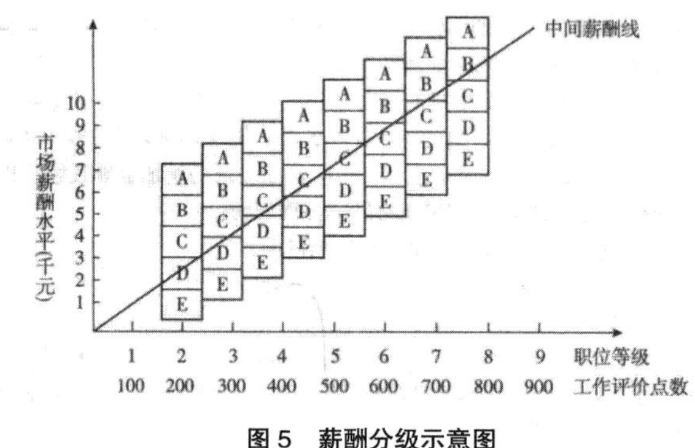

图 5　薪酬分级示意图

不同薪酬等级之间的薪酬差异称为薪酬级差。薪酬级差可根据员工的职位、业绩、态度、能力等因素划分，要尽可能地体现公平。级差的大小应与薪酬等级相符，等级差异大，级差相应也大，等级差异小，则级差也小，如果两者关系不相符，容易引起不同等级员工的不满。等级差异过大，薪酬等级较低层的员工会认为有失公平，自己所得过少；等级差异过小，薪酬等级较高层的员工会认为自己的贡献价值没有得到认可，因而会挫伤其工作的积极性。

第三节　激励薪酬

一、激励薪酬概述

（一）激励薪酬的概念

激励薪酬，又称绩效薪酬、可变薪酬或奖金，它是指以员工个人、团队或者组织的绩效为依据支付给员工的薪酬。激励薪酬的目的在于，通过将员工的薪酬与绩效挂钩，鼓励员工为企业、部门或团队的绩效做出更大的贡献。激励薪酬有助于强化组织规范，激励员工调整自己的行为，并且有利于组织目标的实现。

（二）激励薪酬的优缺点

激励薪酬相对于基本薪酬来说，具有明显的优势，主要表现在以下几个方面。

第一，激励薪酬是和绩效联系在一起的，因此对员工的激励性也就更强；

第二，激励薪酬更能把员工的努力集中在组织、部门或团队认为重要的目标上，从而推动组织、部门或团队目标的实现；

第三，激励薪酬是根据绩效来支付的，可以增加企业薪酬的灵活性，帮助企业节约成本。

不过，激励薪酬也存在明显的不足，主要表现在以下几个方面。

其一，绩效评价难度比较大，激励薪酬很可能会流于形式；

其二，激励薪酬有可能导致员工之间或者员工群体之间的竞争，而这种竞争可能不利于组织创造良好的人际关系，导致组织的氛围比较紧张，从而影响组织的整体利益；

其三，激励薪酬实际上是工作加速器，有时员工收入的增加会导致组织出台更苛刻的产出标准，这样就会破坏组织和员工之间的心理契约；

其四，绩效奖励公式有时非常复杂，员工可能难以理解。

（三）激励薪酬的实施要点

在市场经济条件下，激励薪酬将激励员工和节约成本的作用发挥得较好，使越来越多的组织予以使用，而这种薪酬计划的缺点也使激励薪酬的实施过程必须非常谨慎，这里着重指出以下几点。

第一，组织必须认识到，激励薪酬只是组织整体薪酬体系中的重要组成部分，尽管它对于激励员工的行为和绩效具有重要的作用，但是不能取代其他薪酬计划。

第二，激励薪酬必须对那些圆满完成组织绩效或行为与组织目标一致的员工给予回报，激励薪酬必须与组织的战略目标及其文化和价值观保持一致，并且与其他经营活动相协调。

第三，要想实施激励薪酬，组织必须首先建立有效的绩效管理体系。这是因为激励薪酬以员工个人、群体甚至组织整体的业绩作为奖励支付的基础，如果不能建立公平合理、准确完善的绩效评价系统，绩效奖励就成了无源之水、无本之木。

第四，有效的激励薪酬必须在绩效和奖励之间建立紧密的联系。这是因为无论组织的目标多么清晰，绩效评价多么准确，反馈多么富有成效，如果它与报酬之间不存在联系，那么，绩效也不会达到最大化。

第五，激励薪酬必须获得有效沟通战略的支持。既然激励薪酬要求员工能够承担一定的风险，那么，就要求组织能够及时为员工提供做出决策所需要的各种信息。

第六，激励薪酬需要保持一定的动态性，过去曾经取得成功的激励薪酬现在并不一定能成功，而经常是需要重新设计新的激励薪酬，或对原有的激励薪酬进行较大的修改和补充。

二、激励薪酬的种类

（一）个人激励薪酬

1. 直接计件工资计划

直接计件工资计划是先确定在一定时间（比如 1 小时）内应当生产出的标准产出数量，然后根据标准产出数量确定单位时间工资率，最后根据实际产出水平计算出实际应得薪酬。显然，在这种计划下，产出水平高于平均水平者得到的薪酬也较高。这种奖励计划的优点是简单明了，容易被员工了解和接受。其主要缺点是确定标准存在困难。在生产领域需要时间研究，但是时间研究所得出的计件标准的准确性会受到观察的次数、选择的观察对象、对正常操作速度的界定等各方面因素的影响。标准过松对组织不公平，标准过严又对员工不公平。

2. 标准工时计划

标准工时计划，是指首先确定正常技术水平的工人完成某种工作任务所需要的时间，然后确定完成这种工作任务的标准工资率。即使一个人因技术熟练以少于标准时间完成了工作，他依然可以获得标准工资率。举例来说，对于一位达到平均技术水平的汽车修理工来说，为小汽车补一个轮胎平均需要花费的时间可能是 1 小时。但是如果某位修理工的工作效率较高，他可能在半小时内就完成工作了，但组织在支付工资的时候，仍然是根据 1 小时来支付报酬。对于周期很长、技能要求较高、非重复性的工作而言，标准工时计划十分有效。

3. 差额计件工资计划

这种工资制度是由科学管理运动的开创者泰勒最先提出的。其主要内容是使用两种不同的计件工资率：一种适用于产量低于或等于预定标准的员工，而另一种则适用于产量高于预定标准的员工。

（二）群体激励薪酬

1. 利润分享计划

利润分享计划指对代表企业绩效的某种指标（通常是利润指标）进行衡量，并以衡量的结果为依据来对员工支付薪酬。利润分享计划有两个优势：一是将员工的薪酬和企业的绩效联系在一起，因此可以促使员工从企业的角度去思考问题，增强了员工的责任感；二是利润分享计划所支付的报酬不计入基本薪酬，这样有助于灵活地调整薪酬水平，在经营良好时支付较高的薪酬，在经营困难时支付较低的薪酬。利润分享计划一般有三种实现形式：一是现金现付制，就是以现金的形式即时兑现员工应得到的分享利润；二是递延滚存制，就是指利润中应发给员工的部分不立即发放，而是转入员工的账户、将来支付，这种形式通常是和企业的养老金计划结合在一起，有些企业为了减少员工的流动率，还规定如果员工的服务期限没有达到规定的年限，将无权得到或不能全部得到这部分薪酬；三是混合制，就是前两种形式的结合使用。

2. 收益分享计划

收益分享计划是企业提供的与员工分享因生产率提高、成本节约和质量提高等带来的收益的绩效奖励模式。通常情况下，员工按照事先设计好的收益分享公式，根据本人所属部门的总体绩效改善状况获得奖金，常见的收益分享计划有斯坎伦计划与拉克计划。斯坎伦计划的操作步骤如下：①确定收益增加的来源，通常包括生产率的提高、成本节约、次品率下降或客户投诉率下降等，将这些来源的收益增加额加和，得出收益增加总额；②提留和弥补上期亏空，收益增加总额一般不全部进行分配，如果上期存在透支，要弥补亏空，此外还要提留一定比例的储备，得出收益增加净值；③确定员工分享收益增加净值的比重，并根据这一比重计算出员工可以分配的总额；④用可以分配的总额除以工资总额，得出分配的单价。员工的工资乘以这一单价，就可以得出该员工分享的收益增加数额。拉克计划在原理上与斯坎伦计划类似，但是计算的方式要复杂许多，它的基本假设是员工的工资总额保持在固定的水平上，然后根据企业过去几年的记录，以其中工资总额占生产价值（或净产值）的比例作为标准比例，确定奖金的数额。

3. 成功分享计划

成功分享计划又称目标分享计划，它的主要内容是运用平衡计分卡的思想，为某个部门或团队制订包括财务和非财务目标、过程和结果目标等在内的若干目标，然后对超越目标的情况进行衡量，并根据衡量结果对某个部门或团队提供绩效奖励。在成功分享计划中，每个绩效目标都是相互独立的，部门或团队每超越一个绩效目标，就会单独获得一份奖励，经营单位所获得的总奖励金额等于其在每个绩效目标上所获得的奖励总和。成功分享计划的目的就在于将某个部门或团队的所有员工与某些预定的绩效改善目标联系在一起。如果达到了这些目标，员工就会得到货币报酬或非货币报酬。

（三）短期激励薪酬

1. 一次性奖金

一次性奖金是一种一次性支付的绩效奖励。在很多情况下，员工可能会因为完成了销售额或产量，实现了节约成本，甚至提出了对企业的合理化建议等而得到这种一次性的绩效奖励。在一些兼并、重组的事件发生时，为了鼓励被收购的企业中的有价值的员工留任而支付一笔留任奖金。还有一些企业为了鼓励优秀人才下定决心与企业签约，也会向决定加入本公司的新员工提供一笔签约奖金。一次性奖金的优势是不仅能激励员工，而且薪酬不会大量超出企业支付的范围，所以一次奖金比较灵活。

2. 月度 / 季度浮动薪酬

月度 / 季度浮动薪酬是指根据月度或季度绩效评价的结果，以月度绩效奖金或季度绩效奖金的形式对员工的业绩加以认可。这种月度或季度奖金一方面与员工的基本薪酬联系较为紧密，往往采用基本薪酬乘以系数或者百分比的方式来确定；另一方面又具有类似一次性奖金的灵活性，不会对企业形成较大的成本压力。这是因为企业月度或季度奖金投入的数量可根据企业的总体绩效状况灵活调整。比如，如果企业经营业绩好，则企业可能拿出相当于员工月度或季度基本薪酬 120% 的金额作为月度或季度绩效奖金发放；如果企业的经营业绩不佳，企业可能只拿出相当于员工月度或季度基本薪酬 50% 或更低比例的金额作为月度或季度绩效奖金发放。

3. 特殊绩效认可计划

特殊绩效认可计划具有非常高的灵活性，它可以对那些出人预料的单项高水平绩效表现（比如开发出新产品、开拓新的市场、销售额达到相当高的水平等）给予一次性的现金或者其他实物性奖励。特殊绩效认可或奖励计划提高了报酬系统的灵活性和自发性，为组织提供了让员工感觉到自己的重要性和价值的机会。事实上，特殊绩效认可计划已经成为激励员工的很好的方法。这种计划不仅适用于为组织做出了特殊贡献的个人，而且适用于有特殊贡献的团队。比如，当一个工作团队的所有成员共同努力创造了显著的成果，或者完成了一项关键任务时，组织可以针对这个团队实施特殊绩效认可计划。

（四）长期激励薪酬

长期激励薪酬的支付周期通常为 3 ～ 5 年，长期激励薪酬强调长期规划和对组织的未来可能产生影响的那些决策。它能够创造所有者意识，有助于企业招募、保留和激励高绩效的员工，从而为企业的长期资本积累打下良好的基础。对于那些新兴的风险型高科技企业来说，长期激励薪酬的作用是非常明显的。此外，长期激励薪酬对员工也有好处，它不仅为员工提供了增加收入的机会，而且为员工提供了方便的投资工具。股票所有权计划是长期激励薪酬的主要形式，目前，常见的股票所有权计划主要有三类：现股计划、期股计划和期权计划。

1. 现股计划

现股计划就是指企业通过奖励的方式向员工直接赠予企业的股票或者参照股票当前市场价格向员工出售企业的股票，使员工立即获得现实的股权。这种计划一般规定员工在一定时间内不能出售所持有的股票，这样股票价格的变化就会影响员工的收益，通过这种方式，可以促使员工更加关心企业的整体绩效和长远发展。

2. 期股计划

期股计划则是指企业和员工约定，在未来某一时期员工要以一定的价格购买一定数量的企业股票，购买价格一般参照股票的当前价格，这样如果未来股票的价格上涨，员工按照约定的价格买入股票，就可以获得收益；如果未来股票的价格下跌，那么，员工就会有损失。

3. 期权计划

期权计划与期股计划比较类似，不同之处在于公司给予员工在未来某一时期以一定价格购买一定数量公司股票的权利，但是到期员工可以行使这项权利，也可以放弃这项权利，购股价格一般也要参照股票当前的价格。

第四节 员工福利

一、员工福利概述

（一）员工福利的概念

员工福利是企业基于雇佣关系，依据国家的强制性法令及相关规定，以企业自身的支付为依托，向员工提供的用以改善其本人和家庭生活质量的各种以非货币工资的支付形式为主的补充性报酬与服务。

根据定义，我们可以从以下几方面来理解员工福利。

第一，员工福利的提供方是企业，接受方是员工及其家属；

第二，员工福利是整个薪酬系统中的重要组成部分，是除了基本薪酬和激励薪酬之外的那部分薪酬；

第三，员工福利可以采取多种形式发放，服务、实物和货币都可以是福利的支付形式；

第四，员工福利旨在提高员工的满意度和对企业的归属感。

（二）员工福利的特点

第一，实物或延期支付的形式。基本薪酬和激励薪酬往往采取货币支付和现期支付的方式，而福利多采取实物支付或延期支付的形式。

第二，固定性。基本薪酬和激励薪酬具备一定的可变性，与员工个人有关；而福利则比较固定，一般不会因为工作绩效的好坏而在福利的享受上存在差异。

第三，均等性。企业内部的福利对于员工而言具有一视同仁的特点，履行了劳动义务的企业员工，都享有企业各种福利的平等权利，不会因为职位层级的高低而有差别，但均等性是针对一般福利而言的，对一些高层次的福利，许多企业还是采取了差别对待的方式，例如对高层管理人员的专车配备等。

第四，集体性。福利主要是通过集体消费或使用公共物品等方式让员工享有，集体消费主要体现在通过集体购买和集体分发的方式为员工提供一些生活用品。

（三）员工福利的作用

1. 员工福利对企业的作用

从表面上看，对于企业来说，支付福利费用是成本支出。但事实并非如此，科学合理的福利制度为企业带来的实际收益是远高出同等数量的基本薪酬所产生的收益的。员工福利对于现代企业的意义主要体现在以下几点：①大多数员工是属于规避风险型的，他们追求稳定，而与直接薪酬相比，福利的稳定性更强，因此福利更能够吸引和保留员工；②福利可以满足员工心理需求并使其获得较高的工作满意度，具有较强的激励作用，能有效提高员工绩效，实现组织的战略目标；③企业可以享受优惠税收政策，提高成本支出的有效性。

2. 员工福利对员工的作用

许多员工在选择工作的时候比较重视企业所能提供的福利待遇，原因不仅仅在于福利待遇构成了总薪酬的某一部分，更在于福利可以满足员工的多种需求。具体来说，福利对员工的作用可体现在以下方面：①增加员工的收入，在员工的总薪酬中，有的企业福利占30%左右。另外，福利对于员工而言是一种保障性的收入，不会因为员工个人绩效不佳而减少。②保障员工家庭生活及退休后的生活质量。员工退休后的收入较在职时会有较大幅度的降低，国家法定的养老保险等福利待遇就能够保障员工退休后的生活维持在一定的水平。③满足员工的平等和归属需要。福利具有均等性，能让员工感受到公平和企业对他们的重视，从而获得归属感和尊重感。④集体购买让员工获得更多的优惠集体购买产生规模效益，具有价格上的优惠。⑤满足员工多样化的需求。员工福利的形式多种多样，既可以是实物也可以是服务，多样化的福利形式能够满足员工多样化的需求。

二、员工福利的种类

（一）法定福利

这是由国家相关的法律和法规规定的福利内容，具有强制性，任何企业都必须执行。法定福利为员工提供了工作和生活的基本保障，当员工在遭遇失业、疾病、伤残等特殊困难时给予及时救助，提高了员工防范风险的能力。从我国目前的情况看，法定福利主要包括以下几项内容。

1. 法定的社会保险

法定的社会保险包括基本养老保险、基本医疗保险、失业保险、工伤保险和生育保险。基本养老保险是国家为劳动者或全体社会成员依法建立的老年收入保障制度，当劳动者或社会成员达到法定退休年龄时，由国家或社会提供养老金，保障退休者的基本生活。基本医疗保险是由国家立法，按照强制性社会保险原则，由国家、用人单位和个人集资（缴保险费）建立的医疗保险基金，当个人因病接受医疗服务时，由社会医疗机构提供医疗费用补偿的社会保险制度。失业保险是国家以立法形式，集中建立失业保险基金，对因失业而暂时中断收入的劳动者在一定期间提供基本生活保障的社会保险制度。生育保险是国家通过立法，筹集保险基金，对生育子女期间暂时丧失劳动能力的职业妇女给予一定的经济补偿、医疗服务和生育休假的社会保险制度。工伤保险是国家立法建立的，对在经济活动中因工伤致残或因从事有损健康的工作患职业病而丧失劳动能力的劳动者，以及对职工因工作死亡后无生活来源的遗属提供物质帮助的社会保障制度。

2. 公休假日

公休假日指企业要在员工工作满一个工作周后让员工休息一定的时间，我国目前实行的是每周休息两天的制度。《中华人民共和国劳动法》第三十八条规定，用人单位应当保证劳动者每周至少休息一日。

3. 法定休假日

法定休假日就是员工在法定的节日要享受休假，我国目前的法定节日包括元旦、春节、国际劳动节、国庆节和法律法规规定的其他休假节日。《中华人民共和国劳动法》规定，法定休假日安排劳动者工作的，支付不低于300%的劳动报酬。

4. 带薪年休假

带薪年休假，又叫探亲假，是职工分居两地，又不能在公休日与配偶或父母团聚的带薪假期。

（二）企业福利

1. 企业补充养老保险

社会基本养老保险制度虽然覆盖面广，但收入保障水平较低。随着我国人口老龄化加剧，国家基本养老保险负担过重的状况日趋严重，补充养老保险开始成为企业建立的旨在为其员工提供的退休人员收入保障的养老保险计划。

2. 健康医疗保险

健康医疗保险是对职工基本医疗保险的补充，健康医疗保险的目的是减少当员工生病或遭受事故时本人及其家庭所遭受的损失。企业通常以两种方式提供这种福利：集体投保或者加入健康维护组织。

3. 集体人寿保险

人寿保险是市场经济体制国家的一些企业提供给员工的最常见的福利，大多数企业是为其员工提供集体人寿保险。

4. 住房或购房计划

除了住房公积金之外，企业为了更有效地激励和保留员工，还采取其他多项住房福利项目支持员工购房，如住房贷款利息给付计划、住房津贴等。

5. 员工服务福利

员工服务福利是企业根据自身的条件及需要，扩大了福利范畴，通过为员工提供服务来达到激励员工、稳定员工的目的。如给员工援助服务、给员工再教育补助、给员工提供健康服务等。

6. 其他补充福利

如交通补贴、饮食津贴、节日津贴、子女教育辅助计划、独生子女补助费等。

三、员工福利的发展趋势

（一）组织开始寻求与其战略目标、组织文化和员工类型相匹配的福利模式

随着福利种类的增多和福利覆盖范围的扩大，可供利用的福利计划的种类越来越多。但是，并非所有的福利计划都适合组织中的员工群体。从实际情况来看，有很多福利计划是和组织的目标、价值观乃至经营战略相违背的。因此，在制订组织的福利计划时，不仅要考虑现在市场上流行什么福利计划，更要对自己的组织进行深入的分析，知道组织的价值观是什么，组织的目标是什么，组织的员工队伍是如何构成的，未来组织要经历什么样的变革，等等。在回答这些问题的基础上，考虑所要设计的福利计划是否有助于实现这些组织目标；如果有助于组织目标的实现，公司是否具备实施这种福利计划的能力（包括成本承受能力和管理能力）。

比如，较为传统的组织希望员工能够在组织中长期工作，而员工也偏好稳定的工作和生活，他们可能会在组织中工作直到退休。与这样的组织特征相适应，退休福利计划就应该相对传统，以增强员工对组织的归属感。而在创新型组织中情况则不同，在这类组织中工作的人通常富有冒险精神，他们不愿意长期在一个组织中工作，很多人是自由职业者，因此无论组织提供的退休保障计划多么完善，他们都不会感兴趣。因此，这种组织最好将现金存入员工的账户，而不是帮他们投资到组织的养老金计划中。

（二）越来越多的企业开始重视和使用弹性福利

如今，企业的员工福利管理主要面临两个方面的挑战：企业成本急剧上升和难以适应员工需求变化，因此很多企业采取了弹性福利。弹性福利是指员工在组织规定的时间和金额范围内，可以按照自己的意愿构建自己的福利项目组合，根据自己的需要和生活方式的变化不断改变自己认为有价值的福利项目。弹性福利从本质上改变了传统的福利制度，从福利模式转变为薪酬管理模式。

弹性福利计划的实施，具有以下优点：首先，由于每个员工的情况不同，他们的需求可能也不同，而弹性福利充分考虑了员工个人的需求，使他们可以根据自己的需求来选择福利项目，这样就满足了员工不同的需求，从而提高了福利计划的适应性；其次，由员工自行选择所需要的福利项目，企业就可以不再提供那些员工不需要的福利，这有助于节约福利成本；最后，这种模式的实施通常会给出每个员工的福利限额和每项福利的金额，这样就会促使员工更加注意自己的选择，从而有助于进行福利成本控制，同时还会使员工真实地感觉到企业给自己提供了福利。弹性福利计划既有效控制了企业福利成本又照顾了员工对福利项目的个性化需求，因此弹性福利正在被越来越多的企业关注和采纳。

但是，弹性福利计划也存在一些问题：首先，它使管理变得复杂，由于员工的需求是不同的，自由选择大大增加了企业具体实施福利的种类，从而增加了统计、核算和管理的工作量，这会增加福利的管理成本；其次，这种模式的实施可能存在"逆向选择"的倾向，员工可能为了享受的金额最大化而选择了自己并不是最需要的福利项目；再次，由员工自己选择可能还会出现非理性的情况，员工可能只照顾眼前利益或考虑不周，从而过早地用完了自己的限额，这样当其再需要其他的福利项目时，就可能无法购买或需要透支；最后，允许员工自由选择，可能会造成福利项目实施的不统一，这样就会减少统一性模式所具有的规模效应。

第六章　员工激励

第一节　激励概述

一、激励的概念

“激励”一词作为心理学术语，指的是持续激发人的动机，使人有一股内在动力，朝着所希望的目标前进的心理过程。通过激励，在某种内部或外部刺激的影响下，人始终处于一个兴奋的状态。从管理的角度来讲，激励指的是以满足个体的某些需要为条件，努力实现组织目标的过程。其实质是调动人的积极性，提高工作绩效，使个体目标与组织相统一，在实现个体目标的同时，有效地实现组织目标。激励的定义中隐含着个体需求必须和组织目标需求相一致的要求，否则，虽然是个体表现出高水平的努力，却与组织利益背道而驰。

在一般情况下，激励表现为外界所施加的吸引力与推动力，即通过多种形式对人的需要给予不同程度的满足或限制。通过激励来调动工作人员的积极性、创造性，是从事管理工作的一项重要任务。

激励同时也是人力资源管理中的重要问题，不管是从事激励研究的学者，还是从事企业经营的管理者都非常关注激励问题的研究。因为每个人都需要激励，需要自我激励，需要来自同事、群体、领导和组织方面的激励。企业中的管理工作需要创造并维持一种激励的环境，在此环境中使员工完成组织目标。在工作中，一个主管人员如果不知道如何去激励人，便不能提高员工的工作绩效和工作效率，挖掘员工的内在潜力，挽留住人才，也就不能很好地完成管理工作。

二、激励的基本特征

当一个人在被激励的过程中，我们通常可以看到被激励者会有三类表现：第一，被激励者十分努力地工作；第二，被激励者长时间坚持某种行为；第三，被激励者目标明确稳定。我们可以把上面三类表现归结为三种基本的激励特征。

（一）努力程度

激励的第一个特征是指被激励者在工作中表现出来的工作行为的强度或努力程度的总和。例如，员工受到激励后能够提高工作效率，使产量提高一倍。

（二）持久程度

激励的第二个特征是指被激励者在努力完成工作任务方面表现出来的长期性。例如，某位同志被评选为优秀工作者后，长期保持认真负责的工作态度。

（三）方向性

激励的第三个特征是指被激励者能否按激励的方向去努力，激励者有时的激励行为能够使被激励者的行为按自己设计的方向去发展，但有时也可以使激励行为得到相反的作用。

三、激励的类型

（一）按激励的内容分为物质激励和精神激励

物质激励主要是针对人的生理要求进行的。这种激励如果运用不当会使人走上“唯利是图”之路，变得鼠目寸光，忘掉自己的历史责任和社会责任。精神激励主要是针对人的“向上”心理进行的，这是人类社会进化的内在动力。

（二）按激励的性质分为正激励与负激励

正激励是继续强化人的行为的激励。它一般是在人的行为符合社会需要的情况下，为了进一步提高人们的积极性、创造性、工作效率而进行的。正激励的手段可以是物质手段方面的，如奖金、津贴或其他方面的物质奖励；也可以是精神方面的，如表扬、树立先进类型等。

负激励是抑制，甚至制止某种行为的激励。负激励是针对不符合社会需要的行为进行的，目的是改变其行为方向，使其符合社会需要。因此，当进行负激励时，往往伴随着正激励的因素，即指明何种行为才是社会所需要的，并鼓励其按社会所需要的方向前进。

激励的手段可以是物质的，如降低工资级别、罚款等；也可以是精神方面的，如批评、通报、记过等。一般来说，以精神方面的手段为主，即使是采取物质方面的手段，也要结合精神方面的手段。

（三）按激励的形式分为内滋激励和外附激励

内滋激励是指在管理过程中，通过引导组织成员的内发性欲求，鼓励其工作行为动机的过程。外附激励是指借助外在刺激后达到激发组织成员的工作行为动机的过程。

和外附激励相比，在人事管理中，内滋激励更为重要。保持外附激励和内滋激励两者的相互关系，使外附激励起到增强组织成员对工作活动本身及完成任务的满足感，是激励的重要原则。

（四）按激励的效用时间分为短效激励与长效激励

不同的激励内容，起作用的时间是不同的。有的只在激励过程中起作用，有的在激励过程结束之后相当长的时间内仍起作用。一般来说，物质方面的激励起作用的时间较短，精神方面的激励起作用的时间较长。这是因为精神方面的激励是和提高人的素质相结合的。

四、激励的基本原则

（一）目标结合的原则

目标结合是指激励目标与组织目标相结合的原则。在激励机制中，设置目标是一个关键环节，目标设置必须同时体现组织目标和员工需求。

（二）物质激励和精神激励相结合的原则

从前面的分析中我们可以了解到，物质激励是基础，精神激励是根本。单纯的物质激励与精神激励都不能完整地调动员工的工作积极性，因此要将这两种激励方式结合起来，在两者结合的基础上，逐步过渡到以精神激励为主的激励方式。

（三）合理性的原则

激励的合理性原则包括两层含义：其一，激励的措施要适度。要根据所实现的目标本身的价值大小确定适当的激励量，“超量激励”和“欠量激励”不但起不到激励的真正作用，有时甚至还会起反作用。其二，奖惩要公平。努力满足激励对象的公平要求，应积极减少和消除不公平现象，正确的做法是领导者要做到公平处事、公平待人，不以好恶论人。对激励对象的分配、晋级、奖励、使用等方面，要努力做到公正合理。

（四）明确性原则

激励的明确性原则包括三层含义：其一，明确。明确激励的目的，需要做什么和必须怎么做。其二，公开。特别是分配奖金等大量员工关注的问题时，更为重要。其三，直观。实施物质激励和精神激励时都需要直观地表达它们的指标，总结给予奖励和惩罚的标准，直观性与激励影响的心理效应成正比。

（五）时效性的原则

要把握激励的时机，须知“雪中送炭”和“雨后送伞”的效果是不一样的。激励的时机是激励机制的一个重要因素，激励在不同时间进行，其作用与效果是有很大差别的，打个比方：厨师炒菜时，不同的时间放入调料，菜的味道和质量是不一样的。激励越及时，越有利于将人们的激情推向高潮，使其创造力连续有效地发挥出来，超前的激励可能会使下属感到无足轻重，迟到的激励可能会让下属觉得画蛇添足，都失去了激励应有的意义。

（六）正激励与负激励相结合的原则

正激励是从正方向给予鼓励，负激励是从反方向予以刺激，它们是激励中不可缺少的两个方面，俗话说“小功不奖则大功不立，小过不戒则大过必生”，讲的就是这个道理。

在实际工作中，只有做到奖功罚过、奖优罚劣、奖勤罚懒，才能真正调动起员工的工作热情，形成人人争先的竞争局面。如果良莠不齐、是非不明，势必形成“干多干少一个样、干与不干一个样”的心理。所以，只有坚持正激励与负激励相结合的原则，才会形成一种激励合力，真正发挥出激励的作用，在两者结合使用的同时，一般来说应该以正激励为主。

（七）按需激励的原则

按需激励是指激励的针对性，即针对什么样的内容来实施激励，它对激励效果也有显著的影响。美国著名社会心理学家亚伯拉罕·马斯洛（AbrahamH.Maslow）的需要层次理论有力地证明，激励方向的选择与激励作用的发挥有着非常密切的联系。当某一层次的优先需要基本上得到满足时，应该调整激励方向，将其转移到满足更高层次的优先需要，这样才能够更有效地达到激励的目的。例如，对一个具有强烈自我表现欲望的员工来说，如果要对他所取得的成绩予以奖励，奖给他奖金和实物不如为他创造一次能充分体现自己才能的机会，使他从中得到更大的鼓励。还有一点需要指出的是，激励方向的选择是以优先需要的发现为其前提的，所以及时发现下属的优先需要是管理人员实施正确激励的关键。

五、激励的作用

（一）吸引人才

发达国家的许多组织，特别是那些竞争力强、实力雄厚的组织，都是通过各种优惠政策、丰厚的福利待遇、快捷的晋升途径等方法来吸引组织需要的人才。

（二）开发员工潜能

员工的工作绩效除受员工能力的影响外，还和受激励程度有关。激励制度如果把对员工的创造性、革新精神和主动提高自身素质的意愿的影响考虑进去的话，激励对工作绩效的影响就大了。

（三）留住优秀人才

每一个组织都需要三个方面的绩效：直接的成果、价值的实现和未来的人力资源发展。缺少任何一方面的绩效，组织注定失败。因此，每一位管理者都必须在这三方面均有贡献，在这三方面的贡献中，对未来的人力资源发展的贡献就来自于激励制度。

（四）造就良性的竞争环境

科学的激励制度包含一种竞争精神，它的运行能够创造出一种良性的竞争环境，进而形成良性的竞争机制。在具有竞争性的环境中，组织成员就会受到环境的压力，这种压力将转变为员工努力工作的动力。个人与个人之间的竞争是激励的主要来源之一。员工工作的动力和积极性变成了激励工作的间接结果。

第二节　激励理论

一、内容型激励理论

（一）需要层次理论

美国著名的人本主义心理学家马斯洛认为，人的一切行为都是由需要引起的。马斯洛把人的多种多样的需要归纳为五大类，并按照它们发生的先后次序分为五个等级。

1. 生理需要

生理需要是人类最原始的也是最基本的需要，如吃饭、穿衣、住宅、医疗等。只有在生理需要得到基本满足之后，其他的需要才能成为新的激励因素，而在未满足之前生理需要是调动人们行为的最大动力。

2. 安全需要

当一个人的生理需要得到满足后，满足安全的需要就会产生。个人寻求生命、财产等个人生活方面免于威胁、侵犯并得到保障的心理就是安全的需要。

3. 归属与爱的需要

这是一种社会需要，包括同人往来，进行社会交际，伙伴之间、朋友之间的关系融洽或保持友谊和忠诚。人人都希望获得别人的爱、给予别人爱，并希望受到别的团体与社会的接纳，成为其中的一员，彼此支持与关照。

4. 尊重的需要

尊重的需要包括受人尊重与自我尊重两方面。前者是希望得到别人的重视，获得名誉、地位；后者是希望个人有价值、有能力，成就得到社会的承认。

5. 自我实现的需要

自我实现的需要是指实现个人理想、抱负，最大限度地发挥个人的能力的需要，是需要层次理论的最高层次。马斯洛认为：为满足自我实现的需要所采取的途径是因人而异的。有人希望成为一位成功的商人，有人希望成为体育明星，还有人希望成为画家或音乐家。简而言之，自我实现的需要是指最大限度地发挥一个人的潜能的需要。

马斯洛把五种需要分为高层次需要和低层次需要。生理需要和安全需要是低层次需要；归属与爱的需要、尊重的需要和自我实现的需要是高层次需要。区分这两个层次的需要的前提是：较高层次的需要从内部使人得到满足，较低层次的需要从外部使人得到满足。

马斯洛认为各层次的需要之间有以下一些关系：

一般来说，这五种需要像阶梯一样，从低到高，低一层次的需要获得满足后，就会向高一层次的需要发展；这五种需要不是每个人都能满足的，越是靠近顶部的成长型需要，满足的百分比越少，但是激励力量越强；同一时期，个体可能同时存在多种需要，因为人的行为往往是受多种需要支配的，每一时期总有一种需要占支配地位。

近来的研究有些新发现：缺乏型需要几乎人人都有，而成长型需要并不是所有人都有。尤其是自我实现的需要，相当部分的人没有。满足需要时不一定先从最低层次开始，有时可以从中层或高层开始，有时个体为了满足高层次的需要而牺牲低层次的需要，任何一种需要并不因为满足而消失。高层次需要发展时，低层次需要仍然存在。在许多情景中，各层次的需要相互依赖和重叠。

（二）双因素理论

1. 双因素理论的基本内容

双因素理论是美国心理学家赫茨伯格于20世纪50年代后期提出来的。赫茨伯格认为，影响人的行为积极性的因素有两类，即激励因素和保健因素，简称为双因素理论。

激励因素是指能够在工作中激励员工、给员工带来满意感的因素。它一般包括工作本身的挑战性、工作富有的成就感、工作成绩能够得到大家的认可、工作需要担负的责任及职业生涯中的晋升等因素。当具备了这类因素时，就产生较高的绩效，能产生满意的感觉。

保健因素是指能够在工作中安抚员工、消除员工不满意感的因素，它一般包括公司的政策与管理、技术监督方式、工薪薪金、工作环境、人际关系及地位等因素。这类因素涉及员工对工作的消极感情，同时与工作氛围和工作环境有关。当这类因素得到改善时，只能消除员工的不满意，安抚员工，使消极对抗行为消失，却不会使员工感到非常满意。一旦处理不好这类因素，就会使员工产生不满意的感觉，带来沮丧、缺勤、离职、消极怠工等结果。相比较而言，就工作本身来说，保健因素是外在的，激励因素是内在的，或者说是与工作相联系的内在因素。

2. 双因素理论在管理中的应用

（1）保健因素与激励因素在一定条件下可以互相转化

具备必要的保健因素才不会使职工产生不满情绪，从而调动和保持员工的积极性，赫茨伯格提出的成就、责任心、发展、成长等因素的确应引起管理者的重视。

（2）注重“内在满足”和“外在满足”的问题

注重“内在满足”和“外在满足”的问题，即“内在激励”和“外在激励”或“正激励”和“反激励”的问题。内在满足是指个人从工作本身得到的满足；外在满足是指个人在工作之后得到的满足。人们工作动机的强弱、工作热情的高低在很大程度上依附于对工作满足感的期望。满足感来自管理人员所提供的外在报酬和工作带来的内在满足。内在满足的激励作用比外在满足的激励作用持久稳定，所以经营者管理者要创造条件，尽量满足人们的内在需要。

（3）采取激励因素调动员工积极性

人们通过努力取得了成绩，就会有荣誉感和胜利感，有较高的士气和精神状态，有的人会沿着正确的方向，继续努力争取更大的成就；有的人会沾沾自喜、骄傲自大、故步自封。如果通过努力没有取得所预期的成就，心理上就会有一种失败感，有的人会总结教训，继续努力；有的人会因此萎靡不振。从工资待遇、奖金津贴这两个因素来看，它们也有正激励和反激励的作用。工资和奖金收入，不仅是人们保障生理需求的条件，而且还是社会地位、先色扮演、个人成就、贡献的象征，有很大的心理意义，对人们也有较大的激励作用。但是，奖金如果不同内在因素、工作成就、工作表现相结合，就不会有多大的激励作用，只能是其中的一个保健因素。

在管理实践中根据双因素理论，可以采用扩大员工的工作范围，使员工在工作计划和管理中负有更大的责任等激励措施来调动员工的积极性。具体做法有工作丰富化、工作扩大化、弹性工时等。

（三）ERG 理论

美国耶鲁大学克雷顿·奥尔德弗在马斯洛提出的需要层次理论的基础上，进行了更接近实际经验的研究，提出了一种新的人本主义需要理论。人们共存在三种核心的需要，即生存的需要、相互关系的需要和成长发展的需要，因而这一理论被称为 ERG 理论。

生存的需要，这类需要关系到机体的存在或生存，包括衣、食、住及工作组织。为使其得到这些因素而提供的手段，这实际上相当于马斯洛理论中的生理需要和安全需要。

相互关系的需要，这是指发展与他人关系的需要。这种需要通过工作中或工作以外与其他人的接触和交往得到满足，它相当于马斯洛理论中归属与爱的需要和一部分尊重的需要。

成长发展的需要，这是个人自我发展和自我完善的需要，这种需要通过发展个人潜力和才能，从而得到满足，这相当于马斯洛理论中的需要和尊重需要。

除了三种需要替代了五种需要以外，与马斯洛需要层次理论不同的是，奥尔德弗的“ERG”理论还表明：人在同一时期可能有不止一种需要起作用，如果较高层次需要的满足受到抑制的话，那么人们对较低层次的需要的渴望会变得更加强烈。

马斯洛需要层次理论是一种刚性的阶梯式上升结构，即认为较低层次的需要必须在较高层次的需要满足之前得到充分的满足，二者具有不可逆性。而相反的是，“ERG”理论并不认为各类需要层次是刚性结构，比如说，即使一个人的生存和相互关系需要尚未得到完全满意，他仍然可以为成长发展的需要而工作，而且这三种需要可以同时起作用。

此外，“ERG”理论还提出了一种叫作“受挫—回归”的思想，马斯洛认为当一个人的某一层次需要尚未得到满足时，他可能会停留在这一需要的层次上，直到获得满足为止。

相反的，“ERG”理论则认为，当一个人在某一更高等级的需要层次受挫时，那么作为替代，他的某一较低层次需要可能会有所增加。例如，如果一个人社会交往得不到满足，可能会增强他对得到更多金钱或更好的工作条件的愿望。与马斯洛需要层次理论类似的是，“ERG”理论认为较低层次的需要满足之后，会引发出对更高层次需要的愿望。不同于需要层次理论的是，“ERG”理论认为多种需要可以同时作为激励因素起作用，并且当满足较高层次需要的愿望受挫时，会导致人们向较低层次需要回归。因此，管理措施应随着人的需要结构的变化而做出相应的改变，并且根据每个人不同的需要制定出相应的管理措施。

（四）成就需要理论

美国哈佛大学教授戴维·麦克利兰是当代研究动机权威心理学家。他从20世纪四五十年代起就开始对人的需求和动机进行研究，提出了著名的“三种需要理论”，并提出了一系列重要的研究结论。

麦克利兰提出了人的多种需要，他认为个体在工作情境中有三种重要的动机或需要。

1.成就需要：争取成功，希望做到最好的需要

麦克利兰认为，具有强烈的成就需要的人渴望将事情做得更为完美，提高工作效率，获得更大的成功。他们追求的是在争取成功的过程中克服困难、解决难题、努力奋斗的兴趣，以及成功之后的个人成就感，他们并不看重成功所带来的物质奖励。个体的成就需要与他们所处的经济、文化、社会、政府的发展程度有关，社会风气也制约着人们的成就需要，麦克利兰发现高成就需要者的特点是：

（1）及时明确反馈

高成就者希望他们的行为能够得到及时明确的反馈，告诉他们自己的行为效果。因此，高成就需要者一般会选择业绩比较容易考核的职业。

（2）适度挑战性的目标

高成就需要者一般设置中等挑战性目标，因为他们通过克服困难来证明成功结果是由于他们自己的努力行为影响的，高成就需要者对于自己感到成败机会各半的工作，表现最为出色，他们不喜欢成功的可能性非常低的工作，这种工作碰运气的成分非常大，那种带有偶然性的成功机会无法满足他们的成功需要；同样，他们也不喜欢成功性很大的工作，因为这种轻而易举就取得的成功对于他们的自身能力不具有挑战性，他们喜欢设定通过自身努力才能达到的奋斗目标。对他们而言，当成败可能性均等时，才是一种能从自身的奋斗中体验成功喜悦与满足的最佳机会。

2.权力需要：影响或控制他人且不受他人控制的需要

权力需要是指影响和控制别人的一种愿望或驱动力。不同人对权力的渴望程度也有所不同，权力需要较高的人喜欢支配、影响他人，喜欢对别人发号施令，注重争取地位和影

响力，他们喜欢具有竞争性和能体现较高站位和场合的情境。他们也会追求出色的成绩，但他们这样做并不像高成就需要的人那样是为了个人的成就感，而是为了获得地位和权力或与自己具有的权力和地位相称。权力需要是管理成功的基本要素之一。

3. 亲和需要：建立友好亲密的人际关系需要

亲和需要就是寻求被他人喜爱和接纳的一种愿望，高亲和需要者渴望友谊，喜欢合作而不是竞争的工作环境，希望彼此之间的沟通与理解，他们对环境中的人际关系更为敏感。有时，亲和需要也表现为对失去某些亲密关系的恐惧和对人际关系的回避，亲和需要是保持社会交往和人际关系和谐的重要条件。

在大量的研究基础上，麦克利兰对成就需要与工作绩效的关系进行了十分有说服力的推断。首先，高成就需要者喜欢能独立负责、可以获得信息反馈和独立冒险的工作环境。他们会从这种环境中获得高度激励，麦克利兰发现，在小企业的经理和企业中独立负责一个部门的管理者中，高成就需要者往往会取得成功。其次，在大型企业或其他组织中，高层次者不一定就是一个优秀的管理者，原因是高成就需要者往往只对自己的工作绩效感兴趣，并不关心如何影响别人去做好工作。再次，亲和需要和权力需要与管理的成功密切相关。麦克利兰发现，最优秀的管理者往往是权力需要很高而亲和需要很低的人。如果一个大企业经理的权力需要、责任感和自我控制相结合，那么他很有可能成功。最后，可以对员工进行训练来激发他们的成就需要。如果某项工作要求高成就需要者，那么管理者可以通过直接选拔的方式找到一名高成就需要者，或者通过培训的方式培养自己的原有下属。

麦克利兰的动机理论在企业管理中很有应用价值。首先在人员选拔和安置上，通过测量和评价一个人动机体系的特征，从而决定如何分派工作和安排职位。其次，由于具有不同需要的人需要不同的激励方式，了解员工需要与动机有利于合理建立激励机制。最后，麦克利兰认为动机是可以训练和激发的，因此可以训练和提高员工的成就动机，以提高生产效率。

二、过程激励理论

（一）期望理论

著名心理学和行为科学家维克托•弗鲁姆，深入研究了组织中个人的激励和结果，率先提出了形态比较完备的期望理论模式，并于 1964 年在其《工作与激励》一书中阐述了期望理论模式。

1. 期望理论的基本假设

对组织行为原因的四种假设构成了期望理论基础：第一，个人和环境的组合力量决定一个人的行为，仅有个人或仅有环境是不可能决定一个人的行为的。人们带着各种各样的期望加入组织，对他们的事业、需求、激励和过去的历史期望，所有这些期望将影响他们对组织的回报。第二，人们决定他们自己在组织中的行为受到许多限制（如规章、制度、规定等），尽管如此，人们还是做出两个清醒的决定：首先，决定是否来工作，是留在原公司还是跳槽到新公司（成员决定）；其次，决定他们在完成工作时付出努力的程度（效率、努力程度、同事关系等）。第三，不同的人有着不同类型的需求和目标，人们希望从他们的工作中得到不同的成果。第四，人们根据他们对一个假设的行为将导致希望获得成果的程度，在变化的情况中做出他们的决定，人们倾向做那些他们认为将导致他们所希望的回报的事情，而避免做那些他们认为将导致他们所不希望的后果的事情。职工要是相信目标的价值并且可以看到做什么才有助于实现的目标时，他们就会受到激励，去工作以达到企业目标。

2. 期望理论的基本内容

期望理论是研究需要与目标之间的规律的一种理论，人类渴求满足一定的需要和达到一定的目的，对一个人来说，调动他的工作积极性的动力有多大，即激励力量有多大，取决于期望值与效价的乘积。

$M=V \cdot E$

其中：M——激励力量，指直接推动或使人们采取某一行动的内驱力。这是指调动一个人的积极性，激发出人的潜力的强度；

V——目标效价，指达成目标后对于满足个人需要的价值大小，它反映个人对某一成果或奖酬的重视与渴望程度；

E——期望值，指根据以往的经验，个人对某一行为导致特定成果的可能性或概率的估计与主观判断。

显然，只有当人们对某一行为结果的目标效价和期望值同时处于较高水平时，才有可能产生强大的激励力量。

3. 期望理论对实施激励的启示

员工选择做与不做某项工作主要基于三个具体因素。

（1）员工对自己做某项工作的能力的认知

如果员工相信他能够胜任某项工作，动机就强烈；如果认为自己不能胜任某项工作，动机就不足。

（2）员工的期望

如果员工相信从事这项工作会带来期望的结果，做这项工作的动机会很强烈。相反，员工若认为不能带来所期待的结果，则工作动机不足。

（3）员工对某种结果的偏好

如果一位员工真的渴求加薪、晋升或其他结果，则动机会很强烈。如果员工认为这会导致一个消极的结果，如额外压力、更长的工作时间或合作者的嫉妒，那么他就不会受到激励。

员工的动机依赖于员工认为他们是否能够达到某种结果，这种结果是否能带来预期奖赏及员工认为此奖赏是否有价值。如果员工对这三个因素的评价都很高，则动机强度便可能很高，如果员工对某个因素不感兴趣，激励作用就会降低甚至毫无意义。这个理论告诉管理者：应该努力让员工感到他们具有完成工作任务的能力，而且要经常对他们的成绩给予有价值的奖赏。

管理者实施这种激励时需要注意以下几点：第一，管理者不要泛泛地实施一般的激励措施，而应当实施多数员工认为效价最大的激励措施。第二，设置某一激励目标时应尽可能加大其效价的综合值。如果每个员工的奖金多少不仅意味着当月的收入状况，而且与年终分配、工资调级挂钩，将大大增加这种激励方式效价的综合值。第三，适当加大不同员工实际所得效价的差值，加大组织希望行为与非希望行为之间的效价差值，如奖罚分明等。第四，适当控制期望概率与实际概率。

（二）公平理论

公平理论又称社会比较理论，它是美国行为科学家斯塔西·亚当斯提出来的一种激励理论，该理论侧重于研究工资报酬分配的合理性、公平性及对员工生产积极性的影响。

1. 公平理论的基本观点

当一个人做出了成绩并取得了报酬以后，他不仅关心自己所得报酬的绝对量，而且关心自己所得报酬的相对量。因此，他要进行种种比较来确定自己所获报酬是否合理，比较的结果将直接影响今后工作的积极性。

2. 公平理论产生的原因

我们看到，公平理论提出的基本观点是客观存在的，但公平本身是一个相当复杂的问题，这主要是由于以下几个方面的原因产生的：

第一，它与个人的主观判断有关，无论是自己的或者他人的投入和报偿都是个人感觉，而一般人总是对自己的投入过高、对别人的投入估计过低。第二，它与个人所持的公平标准有关，上面的公平标准是采取贡献率，也有采取需要率、平均率的，例如，有人认为助学金改为奖学金才合理，有人认为应平均分配才公平，也有人认为按经济困难程度分配才适当。第三，它与业绩的评估有关，我们主张按绩效付报酬，并且各人之间应相对平等，但如何评定绩效？是以工作成果的数量和质量，还是按工作能力、技能、学历？不同的评定方法会得到不同的结果，最好是按工作成果的数量和质量，用明确、客观、易于核实的标准来度量，但这在实际工作中往往难以做到，有时不得不采用其他方法。第四，它与评定人有关，绩效由谁来评定？是领导者，还是群众或自我评定？不同的评定会得出不同的结果，由于同一组织内往往不是统一评定，因此会出现松紧不一、回避矛盾、姑息迁就、抱有成见等现象。

3. 员工面对不公平会出现的行为

改变自己的投入，减小绩效努力，以消除负的不公平感；改变自我认知（比如，发现自己比其他人努力多了）；改变用于比较的参照对象（如比上不足，比下有余）；主观上进行歪曲或改变比较方法，合理地设想不公平只是暂时的，在不久的将来将得到解决；设法改变他人的投入或产出，使他人工作不那么努力；离开工作场所（如辞职）。

4. 公平理论的启示及其在管理中的应用

（1）公平理论的启示

①影响激励效果的不仅有报酬的绝对值，还有报酬的相对值。

②激励应力求公正并考虑多方面的因素，避免因个人主观判断造成不公平感。

③在激励过程中应注意被激励者公平心理的疏导，引导其树立正确的公平观。第一，使大家认识到绝对的公平是没有的；第二，不要盲目攀比，盲目性起源于纯主观的比较，多听听别人的看法，也许会客观一些；第三，不按酬付劳是在公平问题上造成恶性循环的主要杀手。

（2）公平理论在管理中的应用

①管理人员应该理解，下属对报酬做出公平比较是人的天性，应了解下属对各种报酬的主观感觉。

②为了使员工对报酬的分配有客观的感觉，管理人员应该让下属知道分配的标准。

③要达到理想的激励作用，应在工作前便让下属知道这个标准。

④管理人员应该能够预料下属可能因为感到不公平做出一些行为所导致的负面效应，这时应与下属多做沟通，在心理上减轻他们的不公平感。

⑤正确诱导，改变认知，公平与不公平来源于个人的感觉，易受个人偏见的影响。人们都有一种“看人挑担不吃力”的心理，易过高估计自己的成绩和别人的收入，过低估计别人的绩效和自己的收入；把实际合理的分配看成不合理，把本来公平的差别看成不公平。

⑥科学考评，合理奖励。

（三）目标设置理论

美国马里兰大学管理学兼心理学教授洛克在研究中发现，外来的刺激（如奖励、工作反馈、监督的压力）都是通过目标来影响动机的，目标能引导活动指向与目标设置的行为，使人们根据难度的大小来调整努力的程度，并影响行为的持久性。目标本身就具有积极作用，目标把人的需要转变为动机，使人们的行为朝着一定的方向努力，并将自己的行为结果与既定的目标相对照，及时进行调整和修正，从而能实现目标。这种使需要转化为动机，再由动机支配行动以达到目标的过程就是目标激励。目标激励的效果受目标本身的性质和周围变量的影响。该理论提出以后，许多学者在研究中加以发展，使之成为内容逐渐丰富和影响愈来愈大的新的激励理论。

1. 目标设置理论的基本模式

目标有两个基本的属性：明确度和难度。

从明确度来看，目标内容可以是模糊的，如仅告诉被试者“请你做这件事”；目标也可以是明确的，如“请在10分钟内做完这25道题”。明确的目标可使人们更清楚怎么做，付出多大的努力才能达到目标。目标设定明确，也便于评价个体的能力。很明显，模糊的目标不利于引导个体的行为和评价他的成绩。因此，目标设定得越明确越好。事实上，明确的目标本身就有激励作用，这是因为人们有希望了解自己行为的认知倾向。对行为目的和结果的了解能减少行为的盲目性，提高行为的自我控制水平。另外，目标的明确与否对绩效的变化也有影响。也就是说，目标明确的被试者的绩效变化很小，而目标模糊的被试者绩效变化则很大，这是因为模糊目标的不确定性容易产生多种可能的结果。

从难度来看，目标可以是容易的，如20分钟内做完10个题目；中等的，20分钟内做完20个题目；难的，20分钟内做完30个题目；或者不可能完成的，如20分钟内做完100个题目。难度依赖于人和目标之间的关系，同样的目标对某人来说可能是容易的，而对另一个人来说则可能是难的，这取决于他们的能力和经验。一般来说，目标的绝对难度越高，人们就越难达到。多项研究发现，绩效与目标的难度水平成线性关系。当然，这是有前提的，前提就是完成任务的人有足够的能力，对目标又有高度的承诺。

在这样的条件下，任务越难，绩效越好。一般认为，绩效与目标难度水平之间存在着线性关系，是因为人们可以根据不同的任务难度来调整自己的努力程度。

当目标难度和明确度结合起来进行研究时，研究者发现人们对于明确、有挑战性的目标完成得最好；而对于模糊的、有挑战性的目标，如告诉被试者“请尽力做到做好”，被试者完成的成绩呈中等水平；模糊的、没有挑战性的目标导致最低水平的成绩。

2. 目标设置理论的扩展模式

在目标设置与绩效之间还有其他一些重要的因素产生影响。这些因素包括对目标的承诺、反馈、自我效能感、任务策略、满意感等。

（1）承诺

承诺是指个体被目标所吸引，认为目标重要，持之以恒地为达到目标而努力的程度。

心理学家彼得·戈尔维策等人发现个体在最强烈地想解决一个问题的时候，最能产生对目标的承诺，然后真正解决问题。研究发现，有权威人士指定目标，或是个体参与设置目标，哪一种方式更能导致目标承诺、增加下属的绩效呢？合理指定目标（所谓合理，即目标有吸引力，也有可能达到）与参与设置的目标有着相同的激励力量，这两者都比只是简单地设置目标并且不考虑目标的合理性要更有效。

（2）反馈

目标与反馈结合在一起更能提高绩效。目标给人们指出应达到什么样的目的或者结果，同时它也是个体评价自己绩效的标准。反馈则告诉人们这些标准满足得怎么样，哪些地方做得好，哪些地方尚有待改进。

反馈是组织里常用的激励策略和行为矫正手段。许多年来，研究者们已经研究了多种类型的反馈。其中研究得最多的是能力反馈，它是由上司或同事提供的关于个体在某项活动上的绩效是否达到了特定标准的信息。能力反馈可以分为正反馈和负反馈。正反馈是指个体达到某项标准而得到的反馈，负反馈是个体没有达到某项标准而得到的反馈。例如，研究者在研究反馈类型对创造性的影响时，给予的正反馈就是告诉被试者其很有创造性，而给予的负反馈则是告诉被试者其创造性不强。

另外，反馈的表达有两种方式：信心方式和控制方式。信心方式的反馈不强调外界的要求和限制，仅告诉被试者任务完成得如何，这表明被试者可以控制行为和活动，因此，这种方式能加强接受者的内控感。控制方式的反馈则强调外界的要求和期望，如告诉被试者他必须达到什么样的标准和水平。它使被试者产生外控的感觉——他的行为或活动是由外人控制的。

用信息方式表达正反馈可以加强被试者的内部动机，对需要发挥创造性的任务给予被试者信息方式的正反馈，可以使被试者更好地完成任务。

（3）自我效能感

自我效能感的概念是由班杜拉提出的，目标激励的效果与个体自我效能感的关系也是目标设置理论中研究得比较多的内容。自我效能感就是个体在处理某种问题时能做得多好的一种自我判断，它是以个体全部资源的评估为基础的，包括能力、经验、训练、过去的绩效、关于任务的信息等。

当对某个任务的自我效能感强的时候，对这个目标的承诺就会提高。这是因为强的自我效能感有助于个体长期坚持某一个活动，尤其是当这种活动需要克服困难、战胜阻碍时。

目标影响自我效能感的另一个方面是目标设定的难度。当目标太难时，个体很难达到目标，这时他的自我评价可能就会比较低。而反复失败就会削弱一个人的自我效能感，目标根据它的重要性可以分为中心目标和边缘目标，中心目标是很重要的目标，边缘目标就是不太重要的目标。安排被试者完成中心目标任务可以增强被试者的自我效能感。因为被试者觉得他被安排的是重要任务，这是对他能力的信任，被安排达到中心目标的被试者的自我效能感明显比只被安排边缘目标的被试者强。

（4）任务策略

目标本身就有助于个体直接实现目标。首先，目标引导活动指向与目标有关的行为，而不是与目标无关的行为。其次，目标会引导人们根据难度的大小来调整努力的程度。第三，目标会影响行为的持久性。人们在遇到挫折时也不放弃，直到实现目标。

当这些直接的方式还不能够实现目标时，就需要寻找一种有效的任务策略。尤其是当面临困难任务时，仅有努力、注意力和持久性是不够的，还需要有适当的任务策略。任务策略是指个体在面对复杂问题时使用的有效的解决方法。目标设置理论中有很多对在复杂任务中使用任务策略的研究，相对于简单任务，在复杂任务环境中有着更多可能的策略。要想完成目标任务，得到更好的绩效，选择一个良好的策略是至关重要的。研究者发现，在一个管理情景的模拟研究中，只有在使用了适宜策略的情况下，任务难度与被试者的绩效才显著相关。

何种情景下合作目标更利于形成有效策略，对此还没有明确的研究结果。在能力允许的范围内，目标的难度越大，绩效越好。但有时人们在完成困难目标时选择的策略不佳，结果他的绩效反而不如完成容易目标时的绩效好。对此现象的解释是，完成困难目标的被试者在面对频繁而不系统的策略变化时，表现出了一种恐慌，使他最终也没有学会完成任务的最佳策略。完成容易目标的被试者反而会更有耐心地发展和完善他的任务策略。

（5）满意感

当个体经过种种努力终于达到目标后，如果能得到他所需要的报酬和奖赏，就会感到满意；如果没有得到预料中的奖赏，个体就会感到不满意。同时，满意感还受到另一个因素的影响，就是个体对他所得报酬是否公平的理解。如果通过与同事、朋友、自己的过去及自己的投入相比，他感到所得的报酬是公平的，就会感到满意；反之，则会不满意。

目标的难度也会影响满意感。当任务越容易时，越易取得成功，个体就会经常体验到伴随成功而来的满意感。当目标困难时，取得成功的可能性就要小，从而个体就很少体验到满意感。这就意味着容易的目标比困难的目标能产生更多满意感。然而，达到困难的目标会产生更高的绩效，对个体、对组织有更大的价值。

第三节　激励艺术

一、常用激励术

目标和工作激励方法是日常人力资源管理中常用的激励方法，但并非任何人都可以恰当地运用它们，并获得收效。只有管理者真正从内心意识到这些激励方法的重要性，科学并灵活地运用时，这些常用的激励方法才能发挥出意想不到的效应，从而达到调动员工积极性的目的。

（一）目标激励

目标会使人的行为具有方向性，引导人们去达到某种特定的结果，而不是其他的结果。因此，目标设置的过程是一种有效的激励方法。目标设置理论认为，致力于实现目标是人们工作的最直接动机，人们追求目标是为了满足自己的情绪和愿望。员工的绩效目标是工作行为最直接的推动力，因此为员工设置适当的目标是管理工作中的一项重要任务。

为员工设置目标关键要做到两点：首先要把企业目标巧妙地转化为个人目标，这就使员工自觉地从关心自身利益变为关心企业利益，从而提高影响个人激励水平效率。其次要善于把目标展现在员工眼前，管理者要时常运用自己的智慧和管理才能，增强员工实现目标的自信心，提高员工实现目标的期望值。

在制定企业目标时，别忘了考虑企业外部的需要和利益及企业目标的实现将给他们带来什么好处。在企业内部，则要考虑企业内部的环境和条件，总之，尽量使各方面关系平衡、协调。

在为员工制定目标时还应照顾员工在目标面前的种种心态，一般来说，较好的激励目标应该具有一定的挑战性。这对员工既是一种鼓舞，也是一种压力。他们也许会产生矛盾心理：一方面希望获得成功而受到奖励，另一方面怕失败受到惩罚而维持原状。人们在现状之下产生的安全感，会由于激励目标的提出而受到威胁。所以，为了使激励目标能够产生积极的效果，应邀请员工参加目标的制订。

（二）工作激励

很多人都说，他们喜欢在有趣的环境里工作。他们希望工作内容有趣，也希望同事相处得有趣。

人们觉得有趣的工作会做得比较顺心，这是不容置疑的。因此，每一位管理者应致力于创造一种让下属觉得有趣的工作气氛，假如人们必须在压力下进行工作，光是播放音乐是无法改进情况和工作绩效的，作为主管，如果知道问题所在，至少还可以朝着正确的方向迈开脚步。也许无法改善一个人的资质，但是可以借助减轻压力来改进他们的工作环境。有一种方法是，创造一种令员工感到轻松自在而不受压迫的气氛。

为了奖励业绩突出的人，可以尽可能地给他们安排他们喜欢做的工作，同时取消他们厌恶的工作。人们总是乐于做他们最拿手的工作，这是促使他们百尺竿头，更进一步的绝妙方法。

工作激励主要指工作丰富化。工作丰富化之所以能起到激励作用，是因为它可以使员工的潜能得到更大的发挥。工作丰富化的主要形式有：第一，在工作中扩展个人成就增加表彰机会，加入更多必须负责任和更具挑战性的活动，提供个人晋升或成长的机会。第二，让员工执行更加有趣而困难的工作，这可以让员工在做好日常工作的同时，学做更难做的工作。鼓励员工提高自己的技能，从而能胜任更重要的岗位，做更困难的工作给了他展示本领的机会，这会增强他的才能，使他成为一名奋发、愉快的员工。第三，给予真诚的表扬。当员工的工作完成得很出色时，要恰如其分地给予真诚的表扬，这将有助于满足员工受人尊重的需要，增强其干好本职工作的自信心。

工作丰富化的目的在于让人们对工作氛围感兴趣。最简单的做法是重新安排工作，使工作多样化。这可从两方面着手：一是垂直工作加重，二是水平工作加重。所谓垂直工作加重，主要指重新设计工作，给员工更多的自主权、更充实的责任感及更多的成就感。所谓水平工作加重则是指工作流程中前后几个程序交给一个员工去完成，它可给员工更多的工作成绩反馈、更完整的工作整体感、更充实的责任感及对自我工作能力的肯定。

工作丰富化的激励是为了满足员工高层次的需求，高层次需求的满足会使员工充分发挥内在潜力，从而提高工作效率，使企业和个人都能得到满足。由于工作丰富化满足的是员工高层次的需要，而员工的实际需要又不仅仅是高层次的，因而这种激励有明显的局限性，它不能解决企业中的全部问题，只有在员工普遍感到现实的工作环境不能发挥自己的能力时，才可以有效地运用这一激励措施。

二、人性化激励术

越来越多的激励专家赞同单靠金钱一项并不足以引发工作动机，并认为金钱倘能和人性结合在一起使用，必能达到最佳效果。事实上，人们除了获取金钱之外，真正想得到的便是一种觉得自己很重要的感觉。因此，谁能够满足人们内心深处这种最渴望的需求，谁就是这个时代的激励大师。

（一）赞美激励

对于一个管理者来说，赞美是激励员工的最佳方式。每一个优秀的管理者，从不会吝惜在各种场合给予员工恰如其分的赞美。赞美别人不仅是一个人待人处世的诀窍，也是一个管理者用人的重要武器。

管理者希望自己的下级尽全力为自己做好工作，然而要想使某人去做某事，普天之下只有一个方法，这就是使他愿意这样做，即使是上级对下级也是这样。当然，管理者尽可以强硬地命令下级去做，或以解雇、惩罚的威胁使下级与自己合作，但请不要忘记，这一切只能收到表面之效，而背后必大打折扣，因为这些最下策的方法具有明显令人不愉快的反作用。

赞美之所以对人的行为能产生深刻影响，是因为它满足了人渴望得到尊重的需要，这是一种较高层次的需要。高层次的需求是不易满足的，而赞美的话语则部分地给予了满足。这是一种有效的内在性激励，可以激发和保持行动的主动性和积极性。当然，作为鼓励手段，它应该与物质奖励结合起来，没有物质鼓励做基础，在生活水平不太高的条件下，会影响精神鼓励的效果。但是行为科学的研究指出，物质鼓励的作用（如奖金），将随着使用的时间而递减，特别是在收入水平提高的情况下更是如此。另外，高收入下按薪酬比例奖金开支过大，企业也难以承受，而人对精神鼓励的需求也是普遍的、长期的，社会越发展越是如此。因此，我们可以得出结论，重视赞美的作用，正确地运用它是有效的管理方式之一。

有人说，赞美是一小笔投资，细小的关心和激励就能得到意想不到的报酬，这话有些道理，但似乎又有太多的实用主义的味道。赞扬不应该仅仅是为了报酬，它应该是沟通情感、表示理解的方式，如同微笑一样，是照在人们心灵上的阳光。

（二）荣耀激励

在日常生活中经常可以看到这样的事实，许多企业失去了一些优秀员工，这些员工转到了其他企业，因为那里给他们准备了更重要的职位和更大的挑战，为他们提供了更多晋升的机会，企业需要留住的人也正是竞争对手急于雇用的人。

员工在工作上做了长期的努力，晋升他的职位或增加他的工作责任，都可以算是给他长期的奖励。绝大多数员工认为以工作表现来升迁或增加工作责任，是一种很重要的奖励方法。

用晋升作为奖励的传统方式是在各个管理阶层内由低到高逐级进行提升，当然，要经常用升迁的方法来奖励员工并不是件容易做到的事情。那么，可以用“增加他的工作责任”或“使他的地位更醒目”这两种比较容易办到的方法来奖励他。

人的特殊地位，本身就起着一定的激励作用，工作表现杰出的明星员工可以送他去接受更高层的职业训练，也可以让他负责训练别人，这样他就能扮演一个较活跃的角色。对于最优秀的员工，可以让他扮演他所在部门与人力资源部门联络人的角色，也可以让他担任其他部门的顾问，假如有跨部门的问题、计划，或部门之间共同关心的事情，可以让周围最优秀的员工代表主管，与其他部门的人组成一个合作的团队。

若是非管理行业的专家（如掌管计算机的人、工程师、科学家），对于企业的兴衰关系重大，需要单独设立一种晋升制度，每一级别的职称、报酬和待遇都应该制订完备。这样，这些技术人员就可以长久地做他们最拿手的工作，不必非要成为管理者才可得到晋升。

抓住每一个机会，把杰出员工的表现尽力向同事们宣扬，如经常与杰出员工商谈，给他特殊的责任，或者让他担任一个充满荣誉的职务。这无形中已经告诉大家，你对这个人非常器重，那么其他员工必然会注意到这种情况，受到这种情况的启发，必然会奋起直追，争取获得同样的器重。假如企业发行内部刊物的话，可以鼓励杰出员工写些文章，抒发他对工作的观点。那么，很快地，大家都知道只要表现杰出，必会在企业里扬名，而且会得到大家的尊敬。

一个杰出的员工能够得到一般人所不能享受的荣耀。例如，给他单独的工作间或更换办公设备等。这些东西有时看来也算不了什么，似乎很容易办到，但真正办起来十分冒险，还需要勇气，不仅对主管，对主管所要夸耀的人也是如此，这些特殊的器物，哪怕是小到刻有名字的写字笔、烟灰缸、座椅、工艺品等，都显示出他们已做出了不同凡响的业绩。

当他们跨进自己的办公室，就会知道自己的业绩和能力已经受到上司的嘉奖，便觉得有了安全感，甚至每跨近一步都增加了一倍的信心。

也许有人以为这样奖赏增加了更多的等级区分，那就错了。这种特殊身份与地位同职务无关，即使是一个普通员工也有可能获得这份殊荣，这不过表明他做出了特殊贡献。因此，这种奖赏实际上是对做出特殊贡献的员工不提升而给予了更多鼓励。

（三）休假激励

休假，是很多企业用来奖励员工的方法之一，只要是休假，不管是一天还是半年，几乎全世界的每个员工都热烈欢迎。

休假是一种很大的激励，特别是那些希望有更多自由时间参加业余活动的年轻人。这种办法还足以让人们摆脱浪费时间的坏毛病。用放假作为奖励有三种基本方式：第一，如果工作性质许可，只要把任务、期限和预期质量要求告诉员工，一旦员工在限期之前完成任务并达到标准，那么剩下来的时间就送给他们作为奖励。第二，如果因为工作性质员工必须一直待在现场，那么告诉他在指定的时间内必须完成多少工作量，如果他在指定时间内完成那个工作量，而且作业的品质也令人满意的话，可以视情形给他半天、一天或一个星期的休假。也可以定一个记分的制度，如果员工在指定的时间内完成指定的工作量，并且持续这种成绩，可以给他放一小时的假，这一小时的假可以累积，累积到四小时的时候放半天假，累积到八小时的时候放一天假。第三，如果员工在工作的品质、安全性、团队合作或其他管理者认为重要的行为上有所改进，也可以用休假来奖励他。

在实际管理中，休假奖励是可以灵活运用的。西格纳工程顾问集团有个休假奖励的办法，当他们完成一项重要工程的时候，在完成那天，主管会主动给参与那项工程的人放假，并且买票带他们去看球赛、请他们喝啤酒。

就费用筹划的过程和时间的耗费来说，让员工出外旅游是一种更高层次的休假奖励，越来越多的员工认为，让得奖人带配偶或同伴到他们想去的地方旅游，是一种有意义的奖励。

旅游休假奖励的好处很多。例如，它对很多员工是很有吸引力的奖励；要诱使员工积极努力，它是很有利的诱因；它提供一个独一无二的场合增加团队的凝聚力；它也可能提供一个让团队学习的机会；它使得奖人在旅游归来之后，有许多经验可以向同事传播；在努力去获奖的这段时间，它使很多人对这个奖励充满憧憬。不过，旅游休假奖励也有一些坏处。例如，它相当昂贵；得奖人在接受这个奖励时，必须离开工作岗位好几天；它需要耗费某些人相当的精神，也要相当的经验，才能办好高品质的旅游；基本上能够得到这种奖励的人数不会太多。

三、参与化激励术

最好的激励一定是能满足员工潜在需要的，现代企业中的员工需要各种机会发掘自己的潜在价值，员工参与作为一种有效的激励过程为员工提供了这样的机会，它顺应社会发展潮流，既有利于发挥员工的主动性，又能帮助企业提高效益，这已被西方企业的实践所证实。

（一）参与管理激励

参与管理是企业兼顾满足各种需要和效率、效益要求的基本方法。员工通过参与企业管理，发挥聪明才智，得到了比较高的经济报酬，改善了人际关系，实现了自我价值；而企业则由于员工的参与，改进了工作，提高了效率，从而达到更高的效益目标。在实施参与管理时，要注意以下方面：

第一，注重对员工的引导。员工参与必须明确方向，即员工必须得到企业当前的工作重点、市场形势和努力方向等信息，这就需要管理者很好地进行引导。有些管理者面对潮水般涌来的建议和意见不知如何处理，这主要是由于他们自己对企业的经营方向、管理目标缺乏明确的认识，不知如何引导员工有计划、分阶段实施并重点突破。有计划、分阶段的引导是保护员工的参与积极性，使参与管理能持续实施的重要方面。

第二，要有耐心。实施参与管理还要有耐心，在实施参与管理的开始阶段，由于管理者和员工都没有经验，参与管理会显得有些杂乱无章，企业没有得到明显的效益，甚至出现效益下滑。管理者应及时总结经验，肯定主流，把事情告诉员工，获得员工的理解和参与，尽快提高参与管理的效率。

第三，采取适宜的参与方式。由于员工的知识化程度和参与管理的经验存在差异，所以在实施参与管理时要根据不同的情况采取不同的方式。具体地说，在员工知识化程度较低和参与管理经验不足的情况下，通常采用以控制为主的参与管理，控制型参与管理的主要目标是，希望员工在经验的基础上提出工作中的问题和局部建议，经过筛选后由工程师和主管人员确定解决方案并组织实施。在提出问题阶段是由员工主导的，在解决问题阶段，虽然员工也参与方案的制定和实施，但主导权控制在工程师和主管人员手中，改革是在他们的控制下完成的。

当员工知识化程度较高且有相当参与管理经验时，要多以授权的方式让员工参与到管理中来，授权型参与管理的主要目标是希望员工在知识和经验的基础上不但提出工作中的意见和建议，而且制定具体实施方案，在得到批准后，授予组织实施的权力，以员工为主导完成参与和改革的全过程。

在参与管理的第三个层次上是全方位型参与管理，这种参与不限于员工目前所从事的工作，员工可以根据自己的兴趣、爱好，对自己工作范围以外的其他工作提出建议和意见，企业则提供一定的条件，帮助员工从事自己喜爱的工作并发挥创造力。这种参与管理要求员工具有较广博的知识，要求管理部门具有相当的宽容度和企业内部择业的更大自由。

（二）“员工持股计划”激励

“员工持股计划”由美国律师凯尔索等人设计，作为一种新的激励理念，起源于20世纪60年代的美国。当时美国就业率下降，劳资关系紧张，员工持股计划就是在重振美国经济，改善传统劳资关系对立的背景下产生的。

员工持股计划的基础思想是：在正常的市场经济运行条件下，人类社会需要一种既能鼓励公平又能促进增长的制度，这种制度使任何人都可以获得两种收入，从而激发人们的创造性和责任感，否则社会将因贫困不均而崩溃。对于美国经济而言，如果扩大资本所有权，使普通劳动者广泛享有资本，会对美国经济产生积极影响。

员工持股计划主要内容是：企业成立一个专门的员工持股信托基金会，基金会由企业全面担保，贷款认购企业的股票。企业每年按一定的比例提出工资总额的一部分，投入员工持股信托基金会，以偿还贷款。当贷款还清后，该基金会根据员工的工资水平或劳动贡献的大小，把股票分配到每个员工的“员工持股计划账户”上。员工离开企业或退休，可将股票卖还给员工持股信托基金会。

这一做法实际上是把员工提供的劳动作为享有企业股权的依据。员工持股计划虽然也是众多福利计划的一种，但与一般福利计划不同的是：它不向员工保证提供某种固定收益会福利待遇，而是将员工的收益与其对企业的股权投资相联系，于是将员工个人利益同企业效率、员工自身努力同企业管理等因素结合起来，因此带有明显的激励成分。

如今，员工持股计划的发展已越来越趋于国际化。目前，美国已有一万多家员工持股的企业，遍布各行各业。日本上市企业的绝大部分也实行了员工持股计划。现在，欧洲、亚洲、拉美和非洲已有50多个国家推行员工持股计划。员工持股计划对企业经营业绩的提升作用十分明显，这也是员工持股计划迅速得到推广的重要动因。美国学者对一些实施了员工持股计划的企业业绩进行了详细的调查，结果表明，实施员工持股计划的企业生产效率比未实施员工持股计划的企业高，而且员工参与企业经营管理的程度越高，企业的业绩提高得也越快。在实践中，员工持股计划还可以减少企业被恶意收购的可能，这些原因都是员工持股计划快速发展的动力。

在我国企业改革中，尤其是国有企业的改革，一直伴随着员工持股的试点。在这些企业中，员工具有出资者和劳动者的双重身份，体现出较强的自主性和参与意识，推动了企业经营管理的完善。

员工持股计划的激励作用主要体现在以下三个方面：第一，为员工提供保障。由于员工持股计划的实施，员工可以从企业得到劳动、生活的保障，在退休时可以老有所养，同时员工也会以企业为家，安心工作，充分发挥自身的积极性。第二，有利于留住人才。在我国，劳动力流动日益频繁，但人力资源的配置存在着很大的自发性和无序性，而且劳动力技术水平越高，人才的流动性也越大。实行员工持股计划，可以有效地解决人才流失的问题。当员工和企业以产权关系维系在一起的时候，员工自然会主动参与企业的生产经营，这是思想政治工作达不到的效果。在员工的参与下，企业精神、企业文化才能真正形成，员工才会将所从事的工作作为自己的一份事业。第三，有助于激励企业经营者。实行员工持股计划，更为重要的是，让经理层持有较大的股份，既有利于企业实现产权多元化，又有利于充分调动企业骨干的积极性。企业还可以实行期股制度，进一步奖励经理的工作，这样也就解决了对企业经营者激励的问题。

员工持股的普遍推行，使员工与企业的利益融为一体，与企业风雨同舟，对企业前途充满信心，企业因而获得超常发展，员工也从持股中得到了巨大利益。这些在国内外的企业经营管理中都有所体现。

员工持股计划更有利于调动员工的工作积极性，增强员工的归属感，增强企业的凝聚力，吸引人才，降低人员流动性，从而提高企业经济效益。因此，国内许多企业也开始实施员工持股计划。

第七章　劳动关系

第一节　劳动关系概述

一、劳动关系概述

（一）劳动关系概念

劳动关系是指劳动者与劳动力使用者以及相关组织为实现劳动过程所构成的社会经济关系。在不同国家或不同体制下，劳动关系又被称为“劳资关系”“劳工关系”“劳雇关系”“雇佣关系”“员工关系”“产业关系”和“劳使关系”等。在西方国家，劳动关系通常称为“产业关系”，是产业中劳动力与资本之间关系的缩略语，即产业社会领域内，政府、雇主和劳动者（工会）围绕有关劳动问题而发生的相互关系，作为劳动者和劳动力使用者之间的社会经济关系的表述，劳动关系是一个最为广泛和适应性最强的概念。

（二）劳动关系的特点

1. 劳动关系是经济利益关系

雇员付出劳动从雇主那里换取报酬及福利才能维持生活。因此，工资和福利就成为连接雇主与雇员的基本经济纽带，这就形成了雇员与雇主之间的经济利益关系。如果缺乏这种经济利益上的联系，劳动关系就不存在，因而经济利益也就成为雇员与雇主最主要的联系，也是雇员与雇主之间合作和冲突的最主要的原因。

2. 劳动关系是一种劳动力与生产资料的结合关系

因为从劳动关系的主体上说，当事人一方为劳动力所有者和支出者，称为雇员（或劳动者）；另一方为生产资料所有者和劳动力使用者，称为雇主（或用人单位）。劳动关系的本质是强调用人单位需要将劳动者提供的劳动力作为一种生产要素纳入其生产过程，与生产资料相结合。

3. 劳动关系是一种具有显著从属性的人身关系

虽然双方的劳动关系是建立在平等自愿、协商一致的基础上，但劳动关系建立后，双方在职责、管理上则具有了从属关系。用人单位要安排劳动者在组织内和生产资料结合；而劳动者则要通过运用劳动能力，完成用人单位交给的各项生产任务，并遵守单位内部的规章制度，接受用人单位的管理和监督。劳动者在整个劳动过程中无论是在经济上，还是在人身上都从属于雇主。

4. 劳动关系体现了表面上的平等性和实质上的非平等性

管理方和劳动者双方都是劳动关系的主体，在平等自愿的基础上签订劳动合同，缔结劳动关系，同样也可以解除劳动关系。在遵循法律规定的情况下，劳动者可以辞职，企业也可以辞退员工。双方在履行劳动合同过程中，劳动者按照管理方要求提供劳动，管理方支付劳动者劳动报酬，这也是权利义务的对等。

但这种平等是相对的。从总体上看，劳动者和用人单位在经济利益上是不平等的。虽然法律规定双方具有平等的权利，但是经济力量上的差异造成的实际权利上的不平等已经是个不容否认的事实，特别是就业压力大的情况下，雇主会在劳动力市场上占有更大的优势和主动地位，劳动者往往会接受具有不利于劳动者的不公平条款的合同。相对而言，劳动者的选择机会是有限的，而雇主则可以利用各种有利的形势迫使劳动者接受不平等的合同条款，如较低的工资待遇和福利，或者过长的工作时间等。

5. 劳动关系具有社会关系的性质

劳动关系不仅仅是一种纯粹的经济关系，它更多地渗透到非经济的社会、政治和文化关系中。在劳动关系中，劳动者在追求经济利益的同时，也寻求其他方面的利益，如荣誉、周围人们的尊敬、归属感、成就感等。所以，工作不仅是劳动者赖以生存的基础，工作场所也是满足劳动者以上需要的场所。这就要求雇主在满足劳动者经济需要的同时，还要关注劳动者的社会需求。

（三）劳动关系和劳务关系的区别

劳动关系的法律特征使其与劳务关系区分开，这两者是实践中最容易混淆的概念。劳务关系是平等主体的公民、法人、其他组织之间，以提供劳务和支付报酬为主要内容的民事关系。二者的区别主要体现在以下几个方面。

1. 主体不同

劳动关系的主体是确定的，即一方是用人单位，另一方必然是劳动者。而劳务关系的主体是不确定的，可能是两个平等主体，也可能是两个以上的平等主体；可能是法人之间的关系，也可能是自然人之间的关系，还可能是法人与自然人之间的关系。

2. 关系不同

劳动关系两个主体之间不仅存在财产关系即经济关系，还存在着人身关系，即行政隶属关系。也就是说，劳动者除提供劳动之外，还要接受用人单位的管理，服从其安排，遵守其规章制度等。劳动关系双方当事人，虽然法律地位是平等的，但实际生活中的地位是不平等的。这就是我们常说的用人单位是强者，劳动者是弱者。而劳务关系两个主体之间只存在财产关系，或者说是经济关系。即劳动者提供劳务服务，用人单位支付劳务报酬。

3. 待遇不同

劳动关系注重劳动过程，报酬以工资的形式定期支付，在支付形式、期限、最低标准方面受法律规定的限制；劳务关系注重提供劳务的结果，报酬的数额由双方约定。

4. 适应法律不同

劳动关系产生的纠纷适用劳动法律，如《劳动法》《劳动合同法》等的调整；劳务关系涉及平等主体之间的关系，适用民法，如《合同法》的调整。

二、劳动关系的构成主体

劳动关系的主体是指劳动关系中相关各方。从狭义上讲，劳动关系的主体包括两方：一方是雇员和以工会为主要形式的雇员团体；另一方是雇主及雇主组织。从广义上讲，除了雇员、雇员团体、雇主、雇主组织外，政府通过立法介入和影响劳动关系，政府也是广义劳动关系的主体之一。

（一）雇员

劳动关系中的雇员是指具有劳动权利能力和行为能力，由雇主雇佣并在其管理下从事劳动以获取工资收入的法定范围的劳动者。一般具有以下特征：雇员是被雇主雇佣的人，不包括自由职业者和自雇佣者；雇员要服从雇主的管理；雇员以工资为劳动收入。

我国《工会法》规定："在中国境内的企业、事业单位、机关中以工资收入为主要生活来源的体力劳动者和脑力劳动者，不分民族、种族、性别、职业、宗教信仰、教育程度，都有依法参加和组织工会的权利。"这基本限定了雇员的范围。

（二）雇员团体

在劳动关系中，员工和雇主地位之间的差距是造成劳资冲突的根本原因。为了能够与雇主相抗衡，员工组织了自己的团体来代表全体员工的共同利益。雇员团体包括工会和类似于工会的雇员协会与职业协会。

韦伯夫妇（Sidney James Webb&Beatrice Webb）早在19世纪90年代就通过对当时英国工会的研究，提出了工会具有互助保险、集体谈判和参与法律制定等功能。工会一般能够组织起来与雇主谈判，以便能够改变工人个人与雇主谈判的不利地位。他们后来又在《工会史》中，把工会定义为：由工资收入者组成的旨在维护并改善其工作生活条件的连续性组织。工会的主要目标就是通过集体协商和集体谈判等方式，增强工人与雇主谈判时的力量，改善工人的工作条件、劳动报酬及其他待遇。

在许多国家，工会是雇员团体的主要组织形式。工会的组织原则是对员工招募不加任何限制，既不考虑职业因素，也不考虑行业因素。工会是以维护和改善员工的劳动条件、提高员工的经济地位、保障员工利益为主要目的。早期工业化时代，政府对工会采取禁止、限制的态度，雇主对工会采取强烈抵制的态度，工会更多地被当作工人进行斗争的工具。随着对工会角色职能认识的不断深入，雇主不再把工会的存在当作对管理权的挑战，而是理性地看待工会，期望通过与工会合作来改善劳资关系，提高企业的竞争力；政府不断出台法律、法规来协调劳动关系，工会日趋完善。

（三）雇主

雇主也称雇佣者、用人单位、用工方、资方、管理方，是指在一个组织中，使用雇员进行有组织、有目的的活动，并向雇员支付工资报酬的法人或自然人。各个国家由于国情的不同，对雇主范围的界定也不一样。在我国，使用得更多的是“用人单位”这一中性概念。

（四）雇主组织

雇主组织是由雇主依法组成的组织，其目的是通过一定的组织形式，将单个雇主联合起来形成一种群体力量，在产业和社会层面通过这种群体优势同工会组织进行协商和谈判，最终促进并维护每个雇主成员的利益。雇主组织通常有以下三种类型：行业协会、地区协会和国家级雇主联合会。在我国，像中国企业联合会、中国企业家协会、各种总商会、全国工商联合会和中国民营企业家协会等，都是雇主组织。雇主组织的主要作用是维护雇主利益，主要从事的活动有以下 4 种：①雇主组织直接与工会进行集体谈判；②当劳资双方对集体协议的解释出现分歧或矛盾时，雇主组织可以采取调解和仲裁的方式来解决；③雇主组织有义务为会员组织提供有关处理劳动关系的一般性建议，为企业的招聘、培训、绩效考核、安全、解雇等提供咨询；④雇主组织代表和维护会员的利益和意见。

（五）政府

现代社会中政府的行为已经渗透到经济、社会和政治生活的各个方面，政府在劳动关系中扮演着重要的角色，发挥着越来越重要的作用。政府在劳动关系中主要扮演 4 种角色：①劳动关系立法的制定者，通过出台法律、法规来调整劳动关系，保护雇员的利益；②公共利益的维护者，通过监督、干预等手段促进劳动关系的协调发展，切实保障有关劳动关系的法律、法规的执行；③国家公共部门的雇主，以雇主身份直接参与和影响劳动关系；④有效服务的提供者，为劳资双方提供信息服务和指导。

（六）国际劳工组织、国际雇主组织与国际经贸组织

全球化是当代劳动关系不得不面对的现实，任何国家的劳工问题都不得不考虑其国际背景和国际影响。因此，任何一个国家的劳动法律、政策和实践，在某种程度上都要受到来自有关国际组织和国际标准的约束。由于全球化的影响，我国劳动关系在主体结构、劳动标准、调整方式等方面，开始出现了国际化的趋向，即劳动关系的存在和调整，已经不仅仅是一个国家的内部事务，而且直接受到国际经贸规则和国际劳工标准的影响，以及跨

国公司管理惯例的制约。产业工会面临着在全球和地区性国际经贸组织中，就产业发展和劳动关系协调等，与各国劳、资、政组织进行多边协商，以维护本国产业职工权益的问题。

三、劳动关系管理的作用

劳动关系管理是指通过规范化、制度化的管理，使劳动关系双方（企业与员工）的行为得到规范，权益得到保障，维护稳定和谐的劳动关系，促使企业经营稳定运行。劳动关系之所以重要，除了因为它具有明确的法律内涵、受国家法律调控以外，还因为其在企业管理中具有关键的作用，是人力资源管理的一项重要职能。人力资源管理人员应该深刻理解劳动关系并能够正确处理劳动关系。做好劳动关系管理工作具有以下深刻的意义。

（一）可以避免矛盾激化的案件发生

劳动关系是否和谐稳定间接影响着社会关系的稳定程度。劳动争议的存在不仅是劳动关系管理工作不和谐的体现，同时如果处理得不合理，还可能会引发一系列的社会治安问题，劳动争议必须正确、公正、及时处理，这样才可能避免矛盾激化，减少恶性事件的发生率。因此，应注重劳动争议的处理，尽可能合理处理劳动争议案件，避免矛盾极端化。

（二）保证劳资双方的合法权益

劳动争议的案件大部分是因为劳动权利与义务产生的纠纷，大大降低了企业和劳动者之间的信任程度。劳资双方中不论任何一方侵犯对方权益、不全面履行相关义务与责任、违反国家规定都会使劳动关系的运行发生障碍。这不但影响了用人单位正常的生产经营秩序，损害企业的效益，同时也会影响劳动者及其直接抚养或赡养人的生活，从而影响社会的进步与稳定。合理及时地处理劳动争议，可以提高当事人的法制观念，保证劳资双方的合法权益。

（三）构建和谐社会的要求

增强劳动关系管理工作是构建和谐社会的要求。伴随市场化进程的不断发展，构建和谐社会就需要有稳定和谐的劳动关系。社会是文化、政治、经济诸多方面的统一体，是以物质生产为基础的人类生活共同体，是人与人在劳动过程中结成的各种关系的总和。在各种社会关系中，劳动关系是各种社会关系中最重要、最基本的关系，是一切社会关系的核心，因此，增强劳动关系管理工作是构建和谐社会的必然要求。

第二节 劳动合同管理

一、劳动合同的内容

《中华人民共和国劳动合同法》规范了劳动合同的订立、履行、变更和解除，加强了用人单位的法律责任，有效地制约了不签合同、签霸王合同、拖欠劳动者工资、侵犯劳动者权益等现象。同时，也对用人单位的劳动合同管理提出了新的要求。

（一）劳动合同期限

劳动合同分为固定期限劳动合同、无固定期限劳动合同和以完成一定工作任务为期限的劳动合同。劳动合同期限三个月以上不满一年的，试用期不得超过一个月；劳动合同期限一年以上不满三年的，试用期不得超过二个月；三年以上固定期限和无固定期限的劳动合同，试用期不得超过六个月。以完成一定工作任务为期限的劳动合同或者劳动合同期限不满三个月的，不得约定试用期。

（二）工作内容和工作地点

工作内容应明确劳动者在组织中从事的工作岗位、性质、工种以及应完成的任务，应达到的目标等，劳动者应事先对从事的工作做到心中有数。工作地点是劳动合同履行地，是劳动者从事劳动合同中所规定的工作内容的地点，劳动者有权在与用人单位建立劳动关系时知悉自己的工作地点。

（三）劳动保护和劳动条件

劳动保护是指用人单位为了防止劳动过程中的安全事故，减少职业危害，保障劳动者的生命安全和健康而采取的各种措施。劳动条件是指用人单位为保障劳动者履行劳动义务、完成工作任务而提供的必要物质和技术条件，如必要的劳动工具、机械设备、工作场地、技术资料等。

（四）劳动报酬和社会保险

劳动报酬是劳动者在付出一定劳动后的回报，组织应根据国家的法律法规，结合劳动者的实际工作，合理、定期地发放劳动报酬，劳动报酬有工资、奖金、津贴等形式。社会保险由国家成立的专门机构进行基金的筹集、管理及发放，不以营利为目的，一般包括医疗保险、养老保险、失业保险、工伤保险及生育保险。

（五）劳动纪律

劳动纪律是用人单位为了其正常的生产经营而建立的一种劳动规则，根据用人单位的实际情况，有工作时间纪律、生产纪律、保密纪律、防火纪律等，劳动者应自觉遵守用人单位制定的劳动纪律。

（六）违反劳动合同的责任

用人单位与劳动者任意一方由于自身的原因合同无法履行或不能完全履行，应按照合同的有关规定进行处罚，如《中华人民共和国劳动合同法》规定："用人单位违反本法规定解除或者终止劳动合同的，应当依照本法第四十七条规定的经济补偿标准的二倍向劳动者支付赔偿金。"

除了以上必备条款外，用人单位与劳动者双方还可以约定培训、竞业禁止、保守秘密、补充保险和福利待遇等其他事项。

二、劳动合同变更

劳动合同的变更是指劳动合同双方当事人就已经订立的合同条款达成修改与补充的法律行为。有两种形式：法定变更和协商变更。

（一）法定变更

法定变更是指在特殊情形下，劳动合同的变更并非因当事人自愿或同意，而是具有强制性。这些特殊情况都是由法律明文规定的，当事人必须变更劳动合同：一是由于不可抗力或社会紧急事件等，用人单位或劳动者无法履行原劳动合同，如地震、战争、台风、暴雪等不可抗力或恶劣天气等自然灾害。当这些情况出现时，双方当事人应当变更劳动合同的相关内容。二是法律法规制定或修改，导致劳动合同中的部分条款内容与之相悖而必须修改，如政府关于最低工资标准的调整，地方政府颁布的关于高温天气作业的劳动时间变化的规定等。用人单位与劳动者应当依法变更劳动合同中相应的内容，并按照法律法规的强制性规定执行。

另外，法定变更还包括：

第一，劳动者患病或者非因工负伤，在规定的医疗期满后不能从事原工作，用人单位应当与劳动者协商后，另行安排适当的工作，并因此相应变更劳动合同的内容。

第二，劳动者不能胜任工作，用人单位应当对其进行培训或者调整其工作岗位，使劳动者适应工作要求并相应变更劳动合同内容。

第三，劳动合同订立时所依据的客观情况发生重大变化，致使原劳动合同无法履行的，用人单位应当与劳动者协商，就变更劳动合同达成协议。

第四，因企业转产、重大技术革新或重大经营方式调整等企业内部经济情况发生变化的，用人单位应当与劳动者协商变更劳动合同。

（二）协商变更

1. 协商变更劳动合同内容的程序

用人单位与劳动者协商一致，可以变更劳动合同约定的内容。变更劳动合同，应采用书面的形式。变更后的劳动合同文本由用人单位和劳动者各执一份。协商变更劳动合同应遵循以下几个程序：①提出变更理由申请；②对方应及时回复；③协商一致后签订书面变更合同；④变更后书面合同各执一份保存。

2. 协商变更劳动合同需要注意的问题

根据《中华人民共和国劳动合同法》及相关的法律法规，变更应当履行劳动合同订立的程序，但需要注意以下问题。

第一，用人单位和劳动者均可能提出变更劳动合同的要求。提出变更要求的一方应及时告知对方变更劳动合同的理由、内容、条件等，另一方应及时做出答复，否则将导致一定的法律后果。

第二，变更劳动合同应当采用书面形式。变更后的劳动合同仍然需要由劳动合同当事人签字、用人单位盖章且签字，方能生效。劳动合同变更书应由劳动合同双方各执一份，同时，对于劳动合同经过鉴证的，劳动合同变更书也应当履行相关手续。

第三，对于特定的情况，不需办理劳动合同变更手续的，只需向劳动者说明情况即可。如用人单位名称、法定代表人、主要负责人或者投资人等事项发生变更的，则不需要办理变更手续，劳动关系双方当事人应当继续履行原合同的内容。

第四，劳动合同变更应当及时进行。劳动合同变更必须在劳动合同生效之后、终止之前进行，用人单位和劳动者应当对劳动合同变更问题给予足够的重视，不能拖到劳动合同期满后进行。依照法律规定，劳动合同期满即行终止，那时便不存在劳动合同变更的问题了。

第五，劳动合同变更的效力。劳动合同变更是对劳动合同内容的局部更改，如工作岗位、劳动报酬、工作地点等，一般说来都不是对劳动合同主体的变更。变更后的内容对于已经履行的部分往往不发生效力，仅对将来发生效力，同时，劳动合同未变更的部分，劳动合同双方还应当履行。

三、劳动合同解除

劳动合同的解除，是指劳动合同在订立以后，尚未履行完毕或者未全部履行以前，由于合同双方或者单方的法律行为导致双方当事人提前解除劳动关系的法律行为。可分为协商解除、劳动者单方解除和用人单位单方解除三种情况。

（一）协商解除劳动合同

协商解除劳动合同，是指用人单位与劳动者在完全自愿的情况下，互相协商，在彼此达成一致意见的基础上提前终止劳动合同的效力。

用人单位与劳动者协商一致，可以解除劳动合同。此为协商解除劳动合同，即双方当事人在合意的前提下，可以作出与原来合同内容不同的约定，这种约定可以是变更合同相关内容，也可以是解除劳动合同关系。双方当事人一旦就劳动合同的解除协商达成一致，并签订书面解除合同协议，就产生了双方劳动合同关系完结的法律效力。

劳动合同依法订立后，双方当事人必须履行合同义务，遵守合同的法律效力，任何一方不得因后悔或者难以履行而擅自解除劳动合同。但是，为了保障用人单位的用人自主权和劳动者劳动权的实现，规定在特定条件和程序下，用人单位与劳动者在协商一致且不违背国家利益和社会公共利益的情况下，可以解除劳动合同，但必须符合以下几个条件：

第一，被解除的劳动合同是依法成立的有效的劳动合同；

第二，解除劳动合同的行为必须是在被解除的劳动合同依法订立生效之后、尚未全部履行之前进行；

第三，用人单位与劳动者均有权提出解除劳动合同的请求；

第四，在双方自愿、平等协商的基础上达成一致意见，可以不受劳动合同中约定的终止条件的限制。

（二）劳动者单方解除劳动合同

劳动者单方与用人单位解除劳动合同，可以分为两种情况：一是由于劳动者自身的主观原因，想要提前解除劳动合同；二是用人单位的过错，而使劳动者不得不与之解除劳动合同的情况。

1. 由于劳动者自身的主观原因想要提前解除劳动合同

劳动者提前三十日以书面形式通知用人单位，可以解除劳动合同。劳动者在试用期内提前三日通知用人单位，可以解除劳动合同。劳动者在行使解除劳动合同权利的同时，必须遵守法定的程序，主要体现在以下两个方面。

（1）遵守解除预告期

规定劳动合同的解除预告期是各国劳动立法的通行做法。劳动者在享有解除劳动合同权的同时，也应当遵守解除合同预告期，即应当提前三十天通知用人单位才能有效，也就是说劳动者在书面通知用人单位后还应继续工作至少三十天，这样便于用人单位及时安排人员接替其工作，保持劳动过程的连续性，确保正常的工作秩序，避免因解除劳动合同影响企业的生产经营活动，给用人单位造成不必要的损失。同时，这样也使劳动者解除劳动合同合法化。否则，将会构成违法解除劳动合同，而将可能承担赔偿责任。

（2）书面形式通知用人单位

无论是劳动者还是用人单位，在解除劳动合同时，都必须以书面形式告知对方。因为这一时间的确定直接关系到解除预告期的起算时间，也关系到劳动者的工资等利益，所以必须以慎重的方式来表达。《劳动合同法》还对劳动者在试用期内与用人单位解除劳动合同做了规定。试用期内应提前三日通知用人单位，以便用人单位安排人员接替其工作。

如果劳动者违反法律法规规定的条件解除劳动合同，给用人单位造成经济损失的，还应当承担赔偿责任，劳动者提出解除劳动合同的，用人单位可以不给付经济补偿金。

2. 用人单位过错导致劳动者不得不提前解除劳动合同

《劳动合同法》规定，用人单位有下列情形之一的，劳动者可以解除劳动合同。

第一，未按照劳动合同约定提供劳动保护或者劳动条件的；

第二，未及时足额支付劳动报酬的；

第三，未依法为劳动者缴纳社会保险费的；

第四，用人单位的规章制度违反法律、法规的规定，损害劳动者权益的；

第五，因本法第二十六条第一款规定的情形（用人单位以欺诈、胁迫的手段或者乘人之危，使对方在违背真实意思的情况下订立或者变更劳动合同的）致使劳动合同无效的；

第六，法律、行政法规规定劳动者可以解除劳动合同的其他情形。

用人单位以暴力、威胁或者非法限制人身自由的手段强迫劳动者劳动的，或者用人单位违章指挥、强令冒险作业危及劳动者人身安全的，劳动者可以立即解除劳动合同，不需事先告知用人单位。

特别解除权是劳动者无条件单方解除劳动合同的权利，是指如果出现了法定的事由，劳动者无须向用人单位预告就可通知用人单位解除劳动合同。由于劳动者行使特别解除权往往会给用人单位的正常生产经营带来很大的影响，法律或者立法者在平衡保护劳动者与企业合法利益基础上对此类情形作了具体的规定，只限于在用人单位有过错行为的情况下，允许劳动者行使特别解除权。

（三）用人单位单方解除劳动合同

劳动合同法在赋予劳动者单方解除权的同时，也赋予用人单位对劳动合同的单方解除权，以保障用人单位的用工自主权，但为了防止用人单位滥用解除权，随意与劳动者解除劳动合同，立法上严格限定企业与劳动者解除劳动合同的条件，以保护劳动者的劳动权。禁止用人单位随意或武断地与劳动者解除劳动合同。劳动合同法中对用人单位单方解除劳动合同的问题，做了比较明确的规定。

1. 因劳动者过错而解除劳动合同

《劳动合同法》规定，劳动者有下列情形之一的，用人单位可以解除劳动合同：

第一，在试用期间被证明不符合录用条件的；

第二，严重违反用人单位的规章制度的；

第三，严重失职，营私舞弊，给用人单位造成重大损害的；

第四，劳动者同时与其他用人单位建立劳动关系，对完成本单位的工作任务造成严重影响，或者经用人单位提出，拒不改正的；

第五，因本法第二十六条第一款规定的情形（劳动者以欺诈、胁迫的手段或者乘人之危，使对方在违背真实意思的情况下订立或者变更劳动合同的）致使劳动合同无效的；

第六，被依法追究刑事责任的。

上述几种情况的劳动合同解除，均是劳动者的过错造成的，所以，用人单位在解除劳动合同时，不需提前通知，也无须向劳动者支付解除劳动合同的补偿金。

2. 劳动者无过失而解除劳动合同

《劳动合同法》规定，有下列情形之一的，用人单位提前三十日以书面形式通知劳动者本人或者额外支付劳动者一个月工资后，可以解除劳动合同。

第一，劳动者患病或非因工负伤医疗期满后，不能从事原来的工作，也不能从事用人单位另行安排的工作；

第二，劳动者不能胜任工作，经过培训或者调整工作岗位，仍不能胜任工作的；

第三，劳动合同订立时所依据的客观情况发生重大变化，致使原劳动合同无法履行，经当事人双方协商一致达成协议的。

另外，当以下条件出现时，用人单位需要裁员，应向工会及全体员工说明，听取工会意见，向劳动管理部门报告。用人单位经济性裁员的两个条件包括：①用人单位濒临破产，进行法定整顿期间；②用人单位生产经营发生严重困难确需裁减人员。

3. 用人单位不得解除劳动合同的规定

对于劳动者无过失而解除劳动合同的情形，《劳动合同法》作了特别规定。劳动者有下列情形之一的，用人单位不得解除劳动合同。

第一，从事接触职业病危害作业的劳动者未进行离岗前职业健康检查，或者疑似职业病病人在诊断或者医学观察期间的；

第二，在本单位患职业病或者因工负伤并被确认丧失或者部分丧失劳动能力的；

第三，患病或者非因工负伤，在规定的医疗期内的；

第四，女职工在孕期、产期、哺乳期的；

第五，在本单位连续工作满十五年，且距法定退休年龄不足五年的；

第六，法律、行政法规规定的其他情形。

四、劳动合同的终止

劳动合同终止是指劳动合同的法律效力依法被消灭，即劳动关系由于一定法律事实的出现而终结，劳动者与用人单位之间原有的权利义务不再存在。但是，劳动合同终止，原有的权利义务不再存在，并不是说劳动合同终止之前发生的权利义务关系消灭，而是说合同终止之后，双方不再执行原劳动合同中约定的事项，如用人单位在合同终止前拖欠劳动者工资的，劳动合同终止后劳动者仍可依法申请诉求。

（一）劳动合同终止与解除的区别

劳动合同终止与解除存在以下几方面的不同：第一，阶段不同。劳动合同终止是劳动合同关系的自然结束，而解除是劳动合同关系的提前结束；第二，结束劳动关系的条件都有约定条件和法定条件，但具体内容不同。劳动合同终止的条件中，约定条件主要是合同期满的情形，而法定条件主要是劳动者和用人单位主体资格的消灭。劳动合同解除的条件中，约定条件主要是协商一致解除合同情形，而法定条件是一些违法违纪违规等行为；第三，预见性不同。劳动合同终止一般是可以预见的，特别是劳动合同期满终止的，而劳动合同解除一般不可预见。

（二）劳动合同终止的条件

《劳动合同法》规定，有下列情形之一的，劳动合同终止。

第一，劳动合同期满的；

第二，劳动者开始依法享受基本养老保险待遇的；

第三，劳动者死亡，或者被人民法院宣告死亡或者宣告失踪的；

第四，用人单位被依法宣告破产的；

第五，用人单位被吊销营业执照、责令关闭、撤销或者用人单位决定提前解散的；

第六，法律、行政法规规定的其他情形。

五、无效劳动合同

无效劳动合同，是指不受国家法律保护的、对用人单位和劳动者双方均无约束力的劳动合同。无效劳动合同有两种形式。一是合同无效，即该合同自订立之日起对双方就没有法律约束力。二是合同部分条款无效。其中无效的条款不受国家法律保护，有效条款仍具有法律效力。

（一）劳动合同无效的确认条件

第一，以欺诈、胁迫的手段或者乘人之危，使对方在违背真实意思的情况下订立或者变更劳动合同。“欺诈”指一方当事人故意告知对方当事人虚假的情况，或故意隐瞒真实情况，诱使对方当事人做出错误意思表示的行为；“胁迫”指以给对方当事人生命健康、荣誉、名誉、财产等造成损害为要挟，迫使对方做出违背真实意思表示的行为；“乘人之危”指一方当事人乘对方处于危难之机，为谋取不正当利益，迫使对方做出不真实的意思表示，严重损害对方利益的行为。例如，用人单位在强迫劳动者交纳巨额集资款、风险金、培训费、保证金、抵押金等情况下签订的劳动合同；用人单位虚假承诺优厚的工作条件签订的劳动合同；劳动者伪造学历、履历或者提供其他虚假情况签订的劳动合同。

第二，用人单位免除自己的法定责任、排除劳动者权利的合同。实践中，很多劳动合同是由用人单位提供的格式合同，其中可能包括对劳动者合法权利限制的内容。例如，约定劳动者自行负责工伤、职业病，规定劳动者在合同期限内不准恋爱、结婚、生育等违反《劳动合同法》和劳动安全保护制度等法律法规的条款。

第三，违反法律、行政法规强制性规定的合同。主要有：一是主体资格不合法的劳动合同，如与童工签订的劳动合同，劳动合同期满后用人单位强迫劳动者续签的合同；二是内容不合法的劳动合同，如违反我国《中华人民共和国职业病防治法》和《中华人民共和国安全生产法》等法律法规条款，以及试用期超过六个月，不购买社会保险，设定无偿或不对价的竞业限制条件等条款的劳动合同；三是损害社会和第三人合法利益的劳动合同，如双方恶意串通，以合法形式掩盖非法目的的合同等，均为无效合同。

对劳动合同无效或部分条款无效有争议的，由劳动争议仲裁机构或者人民法院确认。

（二）劳动合同无效的法律后果

无效的劳动合同，应该解除。劳动合同部分条款无效的，其他条款仍然有效，对无效劳动合同的处理，遵循“过错责任原则”，即由有过错的一方承担责任，如果给对方造成损失，还应负赔偿责任。具体有三种情况。

1. 劳动者无过错

劳动者无过错，即导致劳动合同无效，不是由于劳动者的过错，而是其他客观或主观的原因，用人单位应该向劳动者支付经济补偿金；劳动者已付出劳动的，还应该向劳动者支付劳动报酬，其数额参照本单位相同或者相近岗位劳动者的劳动报酬。

2. 用人单位的过错

用人单位的过错造成劳动合同无效的，用人单位应该按经济补偿金的两倍向劳动者支付赔偿金。对劳动者造成损害与损失的，按劳动部《违反〈劳动法〉有关劳动合同规定的赔偿办法》补偿：一是造成劳动者工资收入损失的，按劳动者本人应得工资收入交付给劳动者，并加付应得工资收入 25% 的赔偿费用；二是造成劳动者劳动保护待遇损失的，应按国家规定补足劳动者的劳动保护津贴和用品；三是造成劳动者工伤、医疗待遇损失的，除按国家规定为劳动者提供工伤、医疗待遇外，还应支付劳动者相当于医疗费用 25% 的赔偿费用；四是造成女职工和未成年职工身体健康损害的，除按国家规定提供治疗期间的医疗待遇外，还应支付相当于其医疗费用 25% 的赔偿费用；五是劳动合同约定的其他赔偿费用。

3. 劳动者的过错

因劳动者的过错造成劳动合同无效，用人单位可随时解除劳动合同，不必支付经济补偿金。劳动者给用人单位造成损失的，也应该按照《违反〈劳动法〉有关劳动合同规定的赔偿办法》的规定赔偿下列损失：一是用人单位招收录用其所支付的费用；二是用人单位为其支付的培训费用，双方另有约定的按约定办理；三是对生产、经营管理和工作造成的直接经济损失；四是劳动合同约定的其他赔偿费用。

除上面三种情形以外导致劳动合同无效的，可以依照当事人的过错大小以及造成的实际损失，由当事人协商，或者交由劳动合同仲裁机构和人民法院依法裁量。

第三节 劳动安全卫生管理

一、劳动安全卫生保护

（一）劳动安全卫生保护的内容

用人单位必须建立、健全劳动安全卫生制度，严格执行国家劳动安全卫生规程和标准，对劳动者进行劳动安全卫生教育，防止劳动过程中事故的发生，减少职业危害。

第一，用人单位的劳动安全卫生设施必须符合国家规定的标准。

第二，用人单位必须为劳动者提供符合国家规定的劳动安全卫生条件和必要的劳动防护用品，对从事有职业危害作业的劳动者应当定期进行健康检查。

第三，从事特种作业的劳动者必须经过专门培训并取得特种作业资格。

第四，用人单位要对劳动者进行劳动安全卫生教育，劳动者在劳动过程中必须严格遵守安全操作规程。

第五，国家建立伤亡事故和职业病统计报告和处理制度。县级以上各级人民政府劳动行政部门、有关部门和用人单位应当依法对劳动者在劳动过程中发生的伤亡事故和劳动者的职业病状况，进行统计、报告和处理。

（二）未成年工的特殊保护

未成年工是指年满 16 周岁、未满 18 周岁的劳动者。童工是指未满 16 周岁未成年人的劳动者。我国劳动法规定，禁止使用童工，对未成年工要进行特殊保护。

首先，用人单位不得安排未成年工从事以下范围的劳动：《生产性粉尘作业危害程度分级》国家标准中第一级以上的接尘作业；《有毒作业分级》国家标准中第一级以上的有毒作业；《高处作业分级》国家标准中第二级以上的高处作业；《冷水作业分级》国家标准中第二级以上的冷水作业；《高温作业分级》国家标准中第三级以上的高温作业；《低温作业分级》国家标准中第三级以上的低温作业；《体力劳动强度分级》国家标准中第四级体力劳动强度的作业；矿山井下及矿山地面采石作业；森林业中的伐木、流放及守林作业；工作场所接触放射性物质的作业；有易燃易爆、化学性烧伤和热烧伤等危险性大的作业；地质勘探和资源勘探的野外作业；潜水、涵洞、涵道作业和海拔3000米以上的高原作业；连续负重每小时在6次以上并每次超过20公斤，间断负重每次超过25公斤的作业；使用凿岩机、捣固机、气镐、气铲、铆钉机、电锤的作业；工作中需要长时间保持低头、弯腰、上举、下蹲等强迫体位和动作频率每分钟大于50次的流水线作业；锅炉司炉。

其次，用人单位应按下列要求对未成年工定期进行健康检查：安排工作岗位之前；工作满1年；年满18周岁，距前一次的体检时间已超过半年。

最后，我国对未成年工的使用和特殊保护实行登记制度。用人单位招收未成年工须向当地县级以上劳动行政部门办理登记，由劳动行政部门核发《未成年工登记证》。

（三）女职工的特殊保护

1. 经期保护

女职工在月经期间禁忌从事的劳动范围：食品冷冻库内及冷水等低温作业；《体力劳动强度分级》标准中第Ⅲ级体力劳动强度的作业；《高处作业分级》标准中第Ⅱ级（含Ⅱ级）以上的作业。

2. 孕期保护

已婚待孕女职工禁忌从事的劳动范围：铅、汞、苯、镉等作业场所属于《有毒作业分级》标准中第Ⅲ、Ⅵ级的作业。

怀孕女职工禁忌从事的劳动范围：作业场所空气中有毒物质浓度超过国家卫生标准的作业；制药行业中从事抗癌药物及己烯雌酚生产的作业；作业场所放射性物质超过《放射防护管理规定》中规定剂量的作业；人力进行的土方和石方作业；《体力劳动强度分级》标准中第Ⅲ级体力劳动强度的作业；伴有全身强烈振动的作业，如使用风钻、捣固机以及驾驶拖拉机等；工作中需要频繁弯腰、攀高、下蹲的作业，如焊接作业；《高处作业分级》标准规定的高处作业。同时，《中华人民共和国劳动法》规定，对怀孕7个月以上女职工，不得安排其延长工作时间和夜班劳动。

3. 产期保护

《女职工劳动保护规定》规定，女职工产假为90天，包括产期15天和产后75天，难产的增加15天。多胞胎生育的，每多生育一个婴儿，增加产假15天。女职工怀孕流产的，其所在单位应给予一定时间的产假。女职工产假期间工资照发。

4. 哺乳期保护

《女职工劳动保护规定》规定，有不满1周岁婴儿的女职工，其所在单位应当在每班劳动时间内给予其两次哺乳（含人工喂养）时间，每次30分钟。多胞胎生育的，每多哺乳一个婴儿，每次哺乳时间增加30分钟。女职工每班劳动时间内的两次哺乳时间，可以合并使用。哺乳时间和在本单位内哺乳往返途中的时间，算作劳动时间。女职工在哺乳期内，所在单位不得安排其从事国家规定的第三级体力劳动强度的劳动和哺乳期禁忌从事的劳动，不得延长其劳动时间，一般不得安排其从事夜班劳动。

二、工伤管理

（一）工伤事故分类

1. 按照伤害所导致的休息时间长度划分

轻伤，休息1～104日的失能伤害；重伤，休息105日以上的失能伤害；死亡。

2. 按照事故类别划分

工伤事故共划分为20个类别，如物体打击、车辆伤害、机械伤害、电击、坠落等。

3. 按照工伤因素划分

工伤因素包括受伤部位、起因物、致残物、伤害方式、不安全状态、不安全行为等。

4. 职业病

职业病包括职业中毒、尘肺、物理因素职业病、职业性传染病、职业性皮肤病、职业性肿瘤和其他职业病。

（二）工伤伤残评定

1. 工伤认定

我国《工伤保险条例》规定，下列情形认定为工伤：在工作时间和工作场所内，因工作原因受到事故伤害的；工作时间前后在工作场所内，从事与工作有关的预备性或者收尾性工作受到事故伤害的；在工作时间和工作场所内，因履行工作职责受到暴力等意外伤害的；患职业病的；因工外出期间，由于工作原因受到伤害或者发生事故下落不明的；在上下班途中，受到非本人主要责任的交通事故或者城市轨道交通、客运轮渡、火车事故伤害的；法律、行政法规规定应当认定为工伤的其他情形。

《工伤保险条例》适用范围是中华人民共和国境内各类企业的职工和个体工商户的职工。如无营业执照或者未经依法登记、备案的单位以及被依法吊销营业执照或者撤销登记、备案的单位的职工，由该单位给予一次性赔偿，赔偿标准不得低于工伤保险待遇。

2. 视同工伤

我国《工伤保险条例》规定，职工有下列情形之一的，视同工伤：在工作时间和工作岗位，突发疾病死亡或者在48小时之内经抢救无效死亡的；在抢险救灾等维护国家利益、公共利益活动中受到伤害的；职工原在军队服役，因战、因公负伤致残，已取得革命伤残军人证，到用人单位后旧伤复发的。

职工有第一、二项情形的，享受工伤保险待遇；职工有前款第三项情形的，享受除一次性伤残补助金以外的工伤保险待遇。

（三）工伤保险待遇

根据《工伤保险条例》的规定，我国工伤保险待遇分为工伤医疗期待遇和工伤致残待遇。

1. 工伤医疗期待遇

职工因工作遭受事故伤害或者患职业病需要暂停工作接受工伤医疗的期间为停工留薪期，停工留薪期一般不超过 12 个月。伤情严重或者情况特殊，经设区的市级劳动能力鉴定委员会确认，可以适当延长，但延长不得超过 12 个月。工伤职工评定伤残等级后，停发原待遇，按照有关规定享受伤残待遇。工伤职工在停工留薪期满后仍需治疗的，继续享受工伤医疗待遇。生活不能自理的工伤职工在停工留薪期需要护理的，由所在单位负责。

（1）医疗待遇

治疗工伤所需费用符合工伤保险诊疗项目目录、工伤保险药品目录、工伤保险住院服务标准的，从工伤保险基金支付。工伤职工治疗非工伤引发的疾病，不享受工伤医疗待遇。工伤职工到签订服务协议的医疗机构进行康复性治疗的费用，从工伤保险基金中支付。工伤职工因日常生活或者就业需要，经劳动能力鉴定委员会确认，可以安装假肢、矫形器、假眼、义齿和配置轮椅等辅助器具，所需费用按照国家规定的标准从工伤保险基金中支付。

（2）工伤津贴

在停工留薪期内，原工资福利待遇不变，由所在单位按月支付。职工住院治疗工伤的，由所在单位按照本单位因公出差伙食补助标准的 70% 发放住院伙食补助费。经医疗机构出具证明，报经办机构同意，工伤职工到统筹地区以外就医的，所需交通、食宿费用由所在单位按照本单位职工因公出差标准报销。生活不能自理的工伤职工在停工留薪期需要护理的，由所在单位负责。工伤职工已经评定伤残等级并经劳动能力鉴定委员会确认需要生活护理的，从工伤保险基金中按月支付生活护理费。生活护理费按照生活完全不能自理、生活大部分不能自理或者生活部分不能自理三个等级支付，支付标准分别为统筹地区上年度职工月平均工资的 50%、40% 或者 30%。

2. 工伤致残待遇

（1）职工因工致残被鉴定为一级至四级伤残

职工因工致残被鉴定为一级至四级伤残的，保留劳动关系，退出工作岗位，享受以下待遇：

①从工伤保险基金中按伤残等级支付一次性伤残补助金。

②从工伤保险基金中按月支付伤残津贴。

③工伤职工达到退休年龄并办理退休手续后，停发伤残津贴，享受基本养老保险待遇。基本养老保险待遇低于伤残津贴的，由工伤保险基金补足差额。

④职工因工致残被鉴定为一级至四级伤残的，由用人单位和职工个人以伤残津贴为基数，缴纳基本医疗保险费。

（2）职工因工致残被鉴定为五级、六级伤残

职工因工致残被鉴定为五级、六级伤残的，享受以下待遇：

①从工伤保险基金中按伤残等级支付一次性伤残补助金。

②保留与用人单位的劳动关系，由用人单位安排适当工作。难以安排工作的，由用人单位按月发放伤残津贴，并由用人单位按照规定为其缴纳相关社会保险费。伤残津贴实际金额低于当地最低工资标准的，由用人单位补足差额。经工伤职工本人提出，该职工可以与用人单位解除或者终止劳动关系，由用人单位支付一次性工伤医疗补助金和伤残就业补助金。

（3）职工因工致残被鉴定为七级至十级伤残

职工因工致残被鉴定为七级至十级伤残的，享受以下待遇：

①从工伤保险基金按伤残等级支付一次性伤残补助金。

②劳动合同期满终止，或者职工本人提出解除劳动合同的，由用人单位支付一次性工伤医疗补助金和伤残就业补助金。

（4）职工因工死亡

职工因工死亡，其直系亲属按照下列规定从工伤保险基金中领取丧葬补助金、供养亲属抚恤金和一次性工亡补助金。

①丧葬补助金为6个月的统筹地区上年度职工月平均工资。

②供养亲属抚恤金按照职工本人工资的一定比例发给由因工死亡职工生前提供主要生活来源、无劳动能力的亲属。标准为：配偶每月40%，其他亲属每人每月30%，孤寡老人或者孤儿每人每月在上述标准的基础上增加10%。核定的各供养亲属的抚恤金之和不应高于因工死亡职工生前的工资。供养亲属的具体范围由国务院劳动保障行政部门规定。

③一次性工亡补助金标准为上一年度全国城镇居民人均可支配收入的20倍。

伤残职工在停工留薪期内因工伤导致死亡的，其近亲属享受本条第一款规定的待遇。

一级至四级伤残职工在停工留薪期满后死亡的，其近亲属可以享受本条第一款第（一）项、第（二）项规定的待遇。

第八章　员工职业生涯管理

第一节　职业生涯规划概述

一、职业的概念

职业，是指人们从事的相对稳定的、有收入的、专门类别的工作。“职”字的含义是职责、权力和工作的位置，“业”字的含义是事情、技术和工作本身。进一步来说，是人的权利、义务、权力、职责，即人的社会地位的一般性表征。也可以说，职业是人的社会角色的极为重要的方面。

现代管理学的发展趋势是，越来越讲求组织运行中的社会层和文化内容，这使组织成员“人”的地位逐渐回归。在现代管理活动中，组织也就日益注意员工个人的职业问题，而不仅仅是从“组织分工”的单一角度出发进行人力资源的开发与管理，在最具有现代管理理念的组织中，甚至从员工的个人意愿和生涯出发进行人力资源的开发与管理。

二、职业生涯基本分析概述

（一）职业生涯概念

“生涯”，有人生经历、生活道路和职业、专业、事业的含义。在人的一生中，有少年、成年、老年几个阶段，成年阶段无疑是职业生涯最重要的时期，这是人们从事职业生活的关键时期，是人生活的重要阶段。因此，人的一生在职业方面的发展历程就是职业生涯。

生涯是指人依据心中的长期目标所形成的一系列工作选择及相关的教育或训练活动，是有计划的职业发展历程。生涯是生活中各种事件的前进方向和历程，是整合人一生中的各种职业和生活角色，由此表现出个人独特的自我发展组型；它也是人自青春期开始直至退休之后，一连串有酬或无酬职位的综合，甚至包括副业、家庭和公民的角色。

职业生涯是指人一生在职业岗位上度过的、与工作活动相关的连续经历。职业生涯是动态过程，它一方面反映人们参加工作时间的长短，同时也涵盖了人们职业的发展、变更的过程；另一方面以心理、生理、智力、技能、伦理等人的潜能的开发为基础，以工作内容的确定和变化，工作业绩的评价，工作待遇、职称职务的变动为标志，以满足需求为目标的工作经历和内心体验的经历。

（二）职业选择理论

职业具有三个关键功能：一是给人们提供发挥和提高自身才能的机会；二是通过和其他人共事来克服以自我为中心的意识；三是提供生产所需的产品和服务。而职业选择实际上是实现上述三方面功能的前提。在人的整个职业生涯乃至整个人生当中，职业选择是极其重要的环节。选择职业是人生大事，因为职业选择了一个人的未来，选择职业，就是选择将来的自己。

职业选择就是劳动者依照自己的职业期望和兴趣，凭借自身能力挑选职业，使自身能力素质与职业需求特征相符合的过程。职业选择是一项非常复杂的工作，会受到多种因素的影响。人们一般会从自己的职业期望和理想出发，根据个人的兴趣、能力、特点等自身素质，在社会现有的职业中选择适合自己的职业。鉴于职业选择对个人事业及生活的重要影响，许多心理学家和职业指导专家对职业选择问题进行了专门的研究，提出了自己的理论。

1. 帕森斯的人与职业相匹配理论

人与职业相匹配的职业选择理论，是由美国波士顿大学的帕森斯教授提出的，是用于职业选择与职业指导的最经典的理论之一。帕森斯在其所著的《选择一个职业》一书中提出了人与职业的匹配是职业选择的焦点的观点。每个人都有自己独特的人格模式，也都有与其相适应的职业类型，因此人们选择职业应寻求与个人特性相一致的职业。有三大因素影响职业选择：第一，要了解个人的能力倾向、兴趣爱好、性格特点和身体状况等个人特征。第二，分析各种职业对人的要求，以获得相关的职业信息。这包括职业的性质、工资待遇、工资条件及晋升的可能性、求职的最低条件（如学历要求、身体要求、所需的专业训练等），以及其他能力、就业的机会等。第三，以上两个因素的平衡，即在了解个人特征和职业要求的基础上，选择适合个人特点又可获得的职业。

帕森斯理论的内涵是在清楚认识、了解个人的主观条件和社会职业需求条件的基础上，将主客观条件与社会职业岗位相对照、相匹配，最后选择职业需求与个人特长相匹配的职业。该理论在职业指导和职业选择实践中有着深刻的指导意义。

2. 霍兰德的职业性向理论

美国约翰·霍普金斯大学心理学教授约翰·霍兰德是美国著名的职业指导专家。他于1971年提出了具有广泛社会影响的职业性向理论，他认为职业选择是个人人格的反映和延伸，职业选择取决于人格与职业的相互作用。

这一理论首先将职业划分为六种典型的“工作环境”。现实型的：建筑、驾驶卡车、农业耕作；调研型的：科学和学术研究；艺术型的：雕刻、表演和书法；社会型的：教育、宗教服务和社会性工作；企业型（开拓性）的：销售、政治和金融；常规型的：会计、计算机技术、药理学。

根据自己对职业性向测试的研究，霍兰德认为，职业性向是决定个人选择何种职业的重要因素，进而提出了决定个人选择何种职业的六种基本的“人格性向”：现实型、调研型、艺术型、社会型、企业型、常规型。不同类型的人的人格特点、职业兴趣各不相同，从而所选择和匹配的职业类型也不相同。因此，所能选择和对应的职业也相应地分为六种基本类型。

霍兰德职业性向理论的实质在于寻求人的人格类型所对应的职业性向与职业类型。按照这一理论，最理想的职业选择应是个人能够找到与其人格类型相吻合的职业环境。在这样的环境中工作，个人就容易感到满足和舒适，最有可能发挥其才能，即职业性向与职业类型的相关系数越大，二者适应程度越高；二者相关系数越小，相互适应程度就越低。

第二节　职业生涯管理理论

一、职业生涯管理的内涵

（一）职业规划与管理

职业规划是指对人们职业生涯的规划和安排，包括个人计划与组织计划两个层次。从个人层次看，每个人都有从现在和将来的工作中得到成长、发展和获得满意的强烈愿望和要求。为了实现这种愿望和要求，他们不断地追求理想的职业，并希望在自己的职业生涯中顺利成长和发展，从而制订了自己的发展计划。从组织的层次看，职业规划是指组织为了不断增强员工的满意度并使其能与组织的发展和需要统一起来而制订的，协调员工个人成长、发展与组织需求和发展的计划。

（二）职业生涯管理

职业生涯管理，又称职业管理，是对职业生涯的设计与开发的过程。它同样需要从个人和组织两个不同的角度进行分析。从个人角度讲，职业生涯管理就是人对自己所要从事的职业、要加入的工作组织、在职业发展上要达到的高度等做出规划和设计，并为实现自己的职业目标而积累知识、开发技能的过程。它一般通过选择职业、选择组织、选择工作岗位，通过工作使技能得以提高、职位得到提升、才干得到发挥。而从组织角度讲，则是指对员工所从事的职业进行的一系列计划、组织、领导和控制的管理活动，以实现组织目标和个人发展的有机结合。

现代企业人力资源管理要求企业组织具有“职业发展观”。职业发展观的主要内容是：企业要为其成员构建职业发展通道，使之与组织的需求相匹配、相协调、相融合，以满足组织及其成员的需要，同时实现组织目标与员工个人目标。职业发展观的核心是使员工个人职业生涯与组织需求在相互作用中实现协调与融合。要实现该目标，组织对员工的职业管理就必不可少。职业生涯管理是组织与员工双方的责任，它贯穿于员工职业生涯发展的全过程和组织发展的全过程，是持续的、动态的管理过程。

二、员工职业生涯管理的意义

现代社会，人的一生中大部分时间是在工作中度过的，职业生涯跨越人生中精力最充沛、知识经验日臻丰富和完善的几十年，职业成为绝大多数人生活的最重要的组成部分。职业不仅提供了个人谋生的手段，而且创造了迎接挑战、实现自我价值的大好机会和广阔空间。企业也越来越认识到，人才是其最本质、最重要的资源。企业一方面想方设法保持员工的稳定性和积极性，不断提高员工的业务技能以创造更好的经济效益；另一方面又希望能维持一定程度的人员、知识、观念的更新换代以适应外界环境的变化，保持企业活力和竞争力。

而开展职业生涯管理则是满足员工与企业双方需要的最佳方式。

（一）职业生涯管理对员工个人的意义

对员工个人而言，职业生涯管理的意义与重要性主要体现在以下三个方面。

第一，职业生涯开发与管理可以使员工个人了解到自身的长处与不足。通过职业生涯规划与管理，员工不仅可以养成对环境和工作目标进行分析的习惯，而且可以合理计划、安排时间和精力开展学习和培训，以完成工作任务，提高职业技能。这些活动的开展都有利于强化员工的环境把握能力和困难控制能力。

第二，职业生涯管理可以帮助员工协调好职业生活与家庭生活的关系，更好地实现人生目标。良好的职业规划和职业生涯开发与管理的工作可以帮助员工从更高的角度看待职业生活中的各种问题和选择，将各个分离的事件结合在一起，共同服务于职业目标，使职业生活更加充实和富有成效。同时，职业生涯管理帮助员工综合地考虑职业生活同个人追求、家庭目标等的平衡，避免顾此失彼、左右为难的困境。

第三，职业生涯管理可以使员工实现自我价值的不断提升和超越。员工寻求职业的最初目的可能仅仅是找一份可以养家糊口的差事，进而追求的可能是财富、地位和名望。职业规划和职业生涯管理对职业目标的多层次提炼可以逐步使员工的工作目的超越财富和地位，追求自我价值实现的成就感和满足感。因此，职业生涯管理可以发掘出促使人们努力工作的最本质的动力。

（二）职业生涯管理对组织的意义

对组织而言，职业生涯管理同样具有深远的意义，主要体现在以下三个方面。

第一，职业生涯管理可以帮助组织了解内部员工的现状、需求、能力及目标，调和它们与存在于企业现实和未来的职业机会与挑战间的矛盾。职业生涯管理的主要任务就是帮助组织和员工了解职业方面的需求和变化，帮助员工克服困难，提高技能，实现企业和员工的发展目标。

第二，职业生涯管理可以使组织更加合理与有效地利用人力资源，合理的组织结构、组织目标和激励机制都有利于人力资源的开发利用。同薪酬、地位、荣誉的单纯激励相比，切实针对员工深层次职业需要的职业生涯管理具有更好的激励作用，同时能进一步开发人力资源的职业价值，而且由于职业生涯管理针对组织和员工的特点“量身定做”，同一般奖惩激励措施相比，具有较强的独特性与排他性。

第三，职业生涯管理可以为员工提供平等的就业机会，对促进企业持续发展有重要意义。职业生涯管理考虑了员工不同的特点与需要，并据此设计不同的职业发展途径和道路，以利于不同类型的员工在职业生活中扬长避短。在职业生涯管理中的年龄、学历、性别差异，不是歧视，而是不同的发展方向和途径，这就为员工在组织中提供了更平等的就业和发展机会。因此，职业生涯管理的深入实施有利于组织人力资源管理水平的稳定与提高。尽管员工可以自由流动，但职业生涯的管理开展使全体员工的技能水平、创造性、主动性和积极性保持稳定提升，这对于促进组织的持续发展具有至关重要的作用。

三、职业生涯发展理论

在漫长的职业生涯中，尽管个人的具体情况、职业选择与职业转换等情况各不相同，但职业发展是每个人的共同追求。职业生涯发展是指个体逐步实现其职业生涯目标，并不断制订和实施新的目标的过程。职业生涯发展的形式多种多样，主要可分为职务变动发展与非职务变动发展两种。职务变动发展包括晋升和平行两种方式，而非职务变动发展则包括工作的范围扩大、观念改变及方法创新等内容，两种形式都是个人发展的路径选择，也都意味着个人能力的提高和收益的增长。

更普遍的是，随着年龄的增长，每个人在不同的年龄阶段表现出大致相同的职业特征和职业需求及职业发展任务。因此，一些著名的职业管理专家对职业生涯的发展过程进行长期研究，发现并总结出了许多关于职业生涯发展的理论和规律。这些理论主要有：职业生涯发展阶段理论及职业锚理论。

（一）职业生涯发展阶段理论

人的生命是有周期的，我们常常把人生分为幼年、少年、青年、壮年和老年几个阶段，而作为人生组成部分的职业生涯同样也要经历几个阶段，通常也将其称作职业周期。在职业周期的不同阶段，人的性格、兴趣、知识水平及职业偏好都有不同。人的职业生涯分为以下五个主要阶段。

1. 成长阶段

成长阶段大体上可以界定为 0 ～ 14 岁。在这个阶段，个人通过得到家庭成员、朋友、老师的认同，以及与他们之间的相互作用，逐渐建立起自我的概念。在这一时期，儿童将尝试各种不同的行为方式，使他们形成了人们如何对不同行为做出反应的印象，并帮助他们建立起独特的自我概念和个性。到这一阶段结束的时候，进入青春期的青少年经历了对职业的好奇、幻想到兴趣，开始对各种可选择的职业进行带有现实性的思考。

成长阶段又由三个子阶段构成：幻想期（10 岁之前），从外界感知到许多职业，对于自己觉得好玩和喜爱的职业充满幻想，并进行模仿；兴趣期（11 ～ 12 岁），以兴趣为中心理解、评价职业，开始做职业选择；能力期（13 ～ 14 岁），开始考虑自身条件与喜爱的职业是否相符，有意识地进行能力培养。

2. 探索阶段

探索阶段大体上发生在 15 ～ 24 岁。在这一时期，人们将认真地探索各种可能的职业选择。人们试图将自己的职业选择与他们对职业的了解，以及通过学校教育、休闲活动和业余工作等途径所获得的个人兴趣和能力相匹配。在这一阶段的初期，人们往往做出一些带有试验性质的较为宽泛的职业选择，但随着个人对选择职业及自我的进一步了解，他们的这种最初选择往往又会被重新界定。待这一阶段结束的时候，看上去比较恰当的职业就已经被选定，他们也已经做好了开始工作的准备。人们在这个阶段需要完成的最重要的任务就是对自己的能力和天资形成现实性的评价，并根据各种职业信息做出相应的教育决策。

探索阶段又可分为以下三个子阶段：试验期（15 ～ 17 岁），综合认识和考虑自己的兴趣、能力与职业社会价值、就业机会，开始对未来职业进行尝试性选择；转变期（18 ～ 21 岁），正式进入劳动力市场，或者进行专门的职业培训，由一般性的职业选择转变为特定目标职业的选择；尝试期（22 ～ 24 岁），选定工作领域开始从事某种职业，对职业发展目标的可行性进行试验。

3. 确立阶段

确立阶段一般为 25 ～ 44 岁。这是大多数人职业生涯中的核心部分。人们一般希望在这一阶段尤其是在早期能够找到合适的职业，并随之全力以赴地投入有助于自己在此职业中取得永久发展的各种活动中。然而，在大多数情况下，在这一阶段人们仍然在不断地尝试与自己最初的职业选择所不同的各种能力和理想。

确立阶段本身又由三个子阶段构成：尝试期（25 ～ 30 岁），在这一阶段，一个人确立当前所选择的职业是否适合自己，如果不适合，就会重新做出选择。稳定期（31 ～ 44 岁），在这一阶段，人们往往已经定下了较为坚定的职业目标，并制订了较为明确的职业计划来确定自己晋升的潜力、工作调换的必要性及为实现这些目标需要开展哪些教育活动等。职业中期危机阶段（30 ～ 40 岁的某个时段）：在这一阶段，人们往往根据自己最初的理想和目标对自己的职业进步情况做重要的评价。人们可能会发现，自己并没有朝着自己所梦想的目标靠近，或者已经完成了预定的任务后才发现，自己过去的梦想并不是自己所想要的全部东西。在这一时期，人们还有可能会思考，工作和职业在自己的全部生活中到底有多重要。在通常情况下，在这一阶段的人们第一次不得不面对艰难的抉择，即判定自己到底需要什么，什么目标是可以达到的，以及为了达到这一目标，需要做出多大的牺牲。

4. 维持阶段

此阶段在 45 ～ 65 岁，是职业的后期阶段。这一阶段的人们长时间从事某一职业，在该领域已有一席之地，一般达到常言所说的“功成名就”，已不再考虑变换职业，力求保住这一位置，维持取得的成就和社会地位，重点是维持家庭和工作间的和谐关系，传承工作经验，寻求接替人选。

5. 衰退阶段

人达到 65 岁以上，其健康状况和工作能力逐步衰退，即将退出工作，结束职业生涯。因此，这一阶段要学会接受权力和责任的减少，学习接受新角色，适应退休后的生活，以减轻身心的衰退，维持生命力。

在不同的人生阶段，人的生理特征、心理素质、智能水平、社会负担、主要任务等都不尽相同，这就决定了在不同阶段其职业发展的重点和内容也是不同的，但职业生涯是个持续的过程，各阶段的时间并没有明确的界限。其经历的时间长短常因个人条件的差异及外在环境的不同而有所不同，有长有短，有快有慢，有时还有可能出现阶段性反复。

（二）职业锚理论

职业锚是由美国著名的职业指导专家埃德加·H. 施恩教授提出的。他认为职业发展实际上是持续不断的探索过程，在这一过程中，每个人都在根据自己的天资、能力、动机、需要、态度和价值观等慢慢地形成较为明晰的与职业有关的自我概念。一个人对自己越来越了解，这个人就会越来越明显地形成占主要地位的职业锚。

职业锚，是指当个人不得不做出选择的时候，他无论如何都不会放弃职业中的那种至关重要的东西，正如其中“锚”字的含义一样，职业锚实际上就是人们选择和发展自己的职业时所围绕的中心。个人对自己的天资和能力、动机和需要及态度和价值观有清楚的了解之后，就会意识到自己的职业锚到底是什么。具体而言，是个人进入职业生涯早期的工作情境后，由习得的实际工作经验所决定，并在经验中与自身的才干、动机、需要和价值观相符合，逐渐培养出的更清晰全面的职业自我观，以及达到自我满足和补偿的长期稳定的职业定位。

施恩教授通过研究提出了以下五种职业锚：第一，技术或功能型职业锚，即职业发展围绕着自己所擅长的特殊技术或特定功能而进行。具有这种职业锚的人总是倾向于选择那些能够保障自己在既定技术或功能领域中不断发展的职业。第二，管理型职业锚，具有这种职业锚的人会表现出成为管理人员的强烈动机。他们的职业发展路径是沿着组织的权力阶梯逐步攀升，承担较高责任的管理职位是他们的最终目标。第三，创造型职业锚，这种人的职业发展都是围绕着创业性努力而组织的。这种创业性努力会使他们创造出新的产品或服务，或是创造发明，或是创办自己的企业。第四，自立与独立型职业锚，具有这种职业锚的人总是愿意自己决定自己的命运，而不依赖于别人，愿意选择一些自己安排时间、自己决定生活方式和工作方式的职业，如教师、咨询、写作、经营小型企业等。第五，安全型职业锚，具有这种职业锚的人极为重视长期的职业稳定性和工作的保障性，他们愿意在熟悉的环境中维持稳定的、有保障的职业，倾向于让雇主来决定他们去从事何种职业，如政府公务员。

第三节　个人职业生涯管理

一、个人职业生涯的影响因素

任何人的职业生涯都不可能是一帆风顺的，它要受到个人和环境两方面的影响，了解这些因素无论对个人还是企业组织都具有非常重要的意义。

（一）影响职业生涯的个人因素

职业生涯是一个人一生的最佳年华，能否成功地开创和发展自己的职业生涯，与个人对自己的认知和剖析程度有很大的关系。通过自我剖析，明确自己的职业性向、能力水平、职业偏好，这样才能做出切合实际的职业选择。

1. 职业性向

职业性向模型是将人的性格与职业类型划分为现实型、调研型、艺术型、社会型、企业型、常规型六种基本类型。通过对自我职业性向的判断，选择与其相对应或相关性较大的职业，将会感觉到舒适和愉悦，获取职业成功的可能性也会更大。

2. 能力

对企业组织的员工来讲，其能力也是指劳动的能力，也就是运用各种资源从事生产、研究、经营活动的能力。它是员工职业发展的基础，与员工个体发展水平成正比，具体包括人的体能、心理素质、智能在内的全面综合能力。体能，即生理素质，主要就是人的健康程度和强壮程度，表现在对劳动负荷的承受能力和劳动后消除疲劳的能力。心理素质指人的心理成熟程度，表现为对压力、挫折、困难等的承受力。智能包括三方面的内容：第一，智力，即员工认识事物、运用知识解决问题的能力，包括观察力、理解力、思维判断力、记忆力、想象力、创造力等。第二，知识，即员工通过学习、实践等活动所获得的理论与经验。第三，技能，即员工在智力、知识的支配和指导下操作、运用、推动各种物质与信息资源的能力。

个人能力对个体职业发展有着重要的影响。第一，能力越强者，对自我价值实现、声望和尊重的要求越高，发展的欲望越强烈，对个体发展的促进也越大；同时，能力强者接受新事物、新知识快，能力与发展呈良性循环，不断上升。第二，在其他条件一定的情况下，能力越强，贡献越大，收入相对越高。高收入一方面为个人发展提供了物质保证，另一方面能激发更多自我发展的潜质。因此，能力既对员工个人发展提出了强烈要求，又为个体自我发展的实现提供了可能条件，是个人职业发展的重要基础和影响因素。

3. 职业锚

正如前文所述，职业锚是人们选择和发展自己的职业时所围绕的中心。职业锚作为个人自身的才干、动机和价值观的模式，在个人的职业生涯及组织的事业发展过程中都发挥着重要的作用，职业锚能准确地反映个人职业需要及其所追求的职业工作环境，反映个人的价值观，了解自己的职业锚类型，有助于增强个人的职业技能，提高工作效率，进而取得职业成功。

（二）影响职业生涯的环境因素

1. 社会环境因素

（1）经济发展水平

一个地区的经济发展水平不同、企业规模的数量不同，个人职业选择的机会也不一样。一般来说，经济发展水平高的地区，优秀企业比较多，个人择业和发展的机会相对较多，就会有利于个人的职业发展。

（2）社会文化环境

这具体包括教育水平、教育条件、社会文化设施等。一般来讲，在良好的社会文化氛围中，个人能受到良好的教育和熏陶，从而有利于个人职业的发展。

（3）领导者素质和价值观

企业的员工职业发展是否顺利，在很大程度上取决于领导者的重视程度，而其是否重视又取决于领导者的素质和价值观，这些都会影响员工的职业发展。

2. 组织环境因素

（1）企业文化

前面我们已经提到过，企业文化决定了一个企业如何看待其员工，因此员工的职业生涯是被企业文化影响的。主张员工参与管理的企业，显然比独裁的企业更能为员工提供发展机会；渴望发展、追求挑战的员工，也很难在“论资排辈”的企业受到重用。

（2）管理制度

员工的职业发展，归根结底要靠管理制度来保障，包括合理的培训制度、晋升制度、考核制度、奖惩制度等。企业价值观、企业经济哲学，也只有渗透到制度中，才能得到切实的贯彻执行。没有制度或者制度定得不合理、不到位，员工的职业发展就难以实现，甚至可能流于空谈。

（3）领导者素质和价值观

企业的文化和管理风格与其领导者的素质和价值观有直接的关系，企业经济哲学往往就是企业家的经营哲学，如果企业领导者不重视员工的职业发展，这个企业员工的职业生涯也就没有希望了。

3. 经济环境因素

职业生涯影响因素的关系可概括为：知己、知彼、抉择。经济环境对职业生涯的成功也起着重要作用。

职业生涯成功是个人职业生涯追求的最终目标。职业生涯成功的含义因人而异，具有很强的相对性，对于同样的人在不同的人生阶段也有着不同的含义。每个人都可以对自己的职业生涯成功进行明确界定，包括成功意味着什么，成功时发生的事和一定要拥有的东西、成功的时间、成功的范围、成功与健康、被承认的方式、想拥有的权势和社会的地位等。对有些人来讲，成功可能是抽象的、不可量化的概念，如觉得愉快，在和谐的气氛中工作，有工作完成后的成就感和满足感。在职业生涯中，有的人追求职务晋升，有的人追求工作内容的丰富化。对于年轻员工来说，职业生涯的成功应是在其工作上建立满足感与成就感，而不是一味地追求快速晋升；在工作设计上，设法扩大其工作内容，使其工作更具挑战性。

职业生涯成功能使人产生自我实现感，从而促进个人素质的提高和潜能的发挥，职业生涯成功的标准与方向具有明显的多样性。

目前，大家达成共识的有五种不同的职业生涯成功方向：

进取型——使其达到集团和系统的最高地位。

安全型——追求认可、工作安全、尊重和成为行家里手。

自由型——在工作过程中得到最大的控制而不是被控制。

攀登型——得到刺激、挑战、冒险和“擦边”的机会。

平衡型——在工作、家庭关系和自我发展之间取得平衡，以便工作不至于变得太耗费精力或太乏味。职业生涯成功的标准也具有多样性。

二、个人职业计划

对于员工职业发展的管理，企业组织应当承担重要责任。但对职业成功负有主要责任的还是员工自己。在这当中就个人而言，最重要的是制订适当的个人职业计划。

（一）制订个人职业计划的原则

1. 实事求是

这要求员工应准确地认识自己，并能客观地评价自我，这是制订个人职业计划的前提。

2. 切实可行

个人的职业目标一定要同自己的知识、能力、个人特质及工作适应性相符合。同时，个人职业目标和职业道路的确定，要考虑到客观环境和条件。

3. 个人职业计划要与组织目标协调一致

离开组织目标，就不可能有个人的职业发展，甚至难以在组织中立足。员工应积极主动地与组织沟通，获得组织的帮助和支持，以此来制订适合自己的职业计划。

4. 在动态变化中制订和修正个人职业计划

随着时间的推移，员工本人的知识、经验、技能、态度等情况及外部环境条件都会发生变化，这就要求员工及时调整自己的个人职业计划，修正和调整计划中一些不断变化的内容，如职业发展的具体活动、短期职业目标等。

（二）职业计划设计

职业计划设计是员工对自己一生职业发展的总体计划和总体轮廓的勾画，它为个人一生的职业发展指明了路径和方向。在设计职业计划中一般应考虑以下因素。

1. 个人自我评价

个人自我评价是对自己的各方面进行分析评价。员工只有充分认识自己之后，才能设定可实现的目标，自我评价要对人生观、价值观、受教育水平、职业锚、兴趣、特长、性格、技能、智商、情商、思维方式和方法等进行分析评价，全面认识自己、了解自己，这样才能选定自己的职业发展路线，增加事业成功的机会。

橱窗分析法是自我评价的重要方法之一。心理学家把个体对自己的了解比作一个橱窗。为了便于理解，可以把橱窗放在一个直角坐标系中加以分析。坐标的横轴正向表示别人知道，负向表示别人不知道，纵轴正向表示自己知道，负向表示自己不知道。坐标橱窗如图6所示。

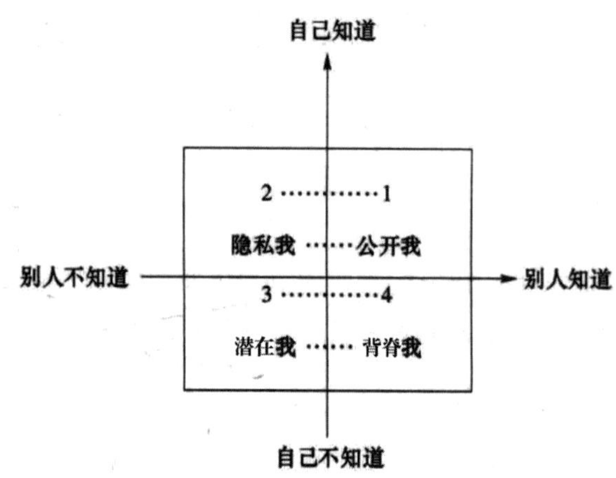

图6 橱窗分析法坐标分析图

坐标橱窗图明显地把自我分成了四部分，即四个橱窗。

橱窗 1 为“公开我”，是自己知道、别人也知道的部分，属于个人展现在外、无所隐藏的部分。

橱窗 2 为“隐私我”，是自己知道、别人不知道的部分，属于个人内在的隐私和秘密的部分。

橱窗 3 为“潜在我”，是自己不知道、别人也不知道的部分，是有待进一步开发的部分。

橱窗 4 为“背脊我”，是自己不知道、别人知道的部分，就像自己的背部一样，自己看不到，别人却看得清楚。

在进行自己剖析和评论时，重点是了解橱窗 3“潜在我”和橱窗 4“背脊我”。“潜在我”是影响人未来发展的重要因素，了解和认识“潜在我”有助于发掘个人潜能。“背脊我”是准确对自己进行评价的重要方面，如果能够诚恳地对待他人的意见和看法，就不难了解“背脊我”。当然，这需要开阔的胸怀和正确的态度，否则就很难听到别人的真实评价。

2. 职业发展机会评估

职业发展机会评估，主要是评估各种环境因素对自己职业发展的影响。如前所述，环境因素包括经济发展、社会文化和政治制度等社会环境和企业环境等因素。在设计个人职业机会时，应分析环境发展的变化情况、环境条件的特点，对人与环境的关系（包括自己在此环境中的地位、环境对自己提出的要求及环境对自己有利的条件与不利的条件）等，只有充分了解和认识这些环境，才能做到在复杂多变的环境中趋利避害，设计出切实可行、有实际意义的职业计划。

3. 选择职业

职业选择的正确与否，直接关系人生事业的成败，这是职业发展计划中最关键的一步。在选择职业时，要慎重考虑自己的职业性向、能力、职业锚、人生阶段等重要因素与职业的匹配性。

4. 设定职业生涯目标

设定职业生涯目标是指预先设定职业的发展目标，这是设计职业计划的核心步骤。职业生涯目标的设定是在继职业选择后对人生目标做出的又一次抉择，它是依据个人最佳才能、最优性格、最大兴趣和最有利环境的信息所做出的。职业生涯目标通常为分短期目标、中期目标、长期目标和人生目标。短期目标一般为 1 ～ 2 年，中期目标为 3 ～ 5 年，长期目标为 5 ～ 10 年。

在确定目标的过程中要注意如下几个方面的问题：①目标要符合社会与组织的需要，有需要才有市场，才有位置。②目标要适合自身特点，并使其建立在自身的优势上。③目标要高远但不能好高骛远，人追求的目标越高，其才能发展得越快。④目标幅度不宜过宽，最好选择窄一点的领域，并把全部身心投入进去，这样容易取得成功。⑤要注意长期目标与短期目标的结合，长期目标指明了发展的方向，短期目标是长期目标的保证，长短结合更有利于目标的实现。⑥目标要明确具体，同一时期的目标不要太多，目标越简明、越具体，就越容易实现，越能促进个人的发展。⑦要注意职业目标与家庭目标，以及个人生活与健康目标的协调与结合，是事业成功的基础和保障。

5. 职业生涯路线的选择

在确定职业和发展目标后，就面临着职业生涯路线的选择。例如，向行政管理路线发展，走专业技术路线，还是先走技术路线再转向行政路线等。由于发展路线不同，对职业发展的要求也不一样。因此，在设计职业生涯时，必须做出抉择，以便为自己的学习、工作及各种行动措施指明方向，使职业沿着预定的路径和预先设计的职业计划发展。

在进行生涯路线选择时，可以考虑以下三个问题：①个人希望向哪一条路发展，主要考虑自己的价值观、理想、成就、动机，确定自己的目标取向。②个人适合向哪一条路发展，主要考虑自己的性格、特长、经历、学历等主观条件，确定自己的能力取向。③个人能够向哪一条路发展，主要考虑自身所处的社会环境、政治与经济环境、组织环境等，确定自己的机会取向。职业生涯路线选择的重点是对生涯选择要素进行系统分析，在对上述三方面的要素综合分析的基础上确定自己的生涯路线。

6. 制订行动计划与措施

无论多么美好的理想与想法，最终都必须落实到行动上才有意义，否则只能是空谈。在确定了职业计划表与职业生涯路线后，行动便成为关键的环节，这就是贯彻落实目标的具体措施，包括工作、训练、教育、轮岗等。

7. 评估与调整

如前所述，影响职业计划设计的因素很多，其中环境变化是最重要的因素。在现实社会生活中，要使职业计划设计行之有效，就必须不断地对职业计划进行评估与调整，如职业的重新选择，职业生涯路线的选择，人生目标的修正，以及实施措施与计划的变更等都是调整的主要内容。

三、个人职业发展趋向

人格（包括价值观、动机和需要等）是决定人选择何种职业的重要因素，其具体的表述可归纳为决定个人选择何种职业的六种基本趋向。

（一）实际趋向

具有这种趋向的人会被吸引从事那些包含体力活动并且需要一定技巧、力量和协调的职业，如采矿工人、运动员等。

（二）调研趋向

具有这种倾向的人会被吸引从事那些包含着较多认知活动的职业，而不是那种以感知活动为主的职业，如研究学者和大学教授等。

（三）社会趋向

具有这种趋向的人会被吸引从事那些包含大量人际交往活动的职业，而不是那些有大量智力活动或体力活动的职业，如心理医生和商务人员等。

（四）常规趋向

具有这种趋向的人会被吸引从事那些包含大量结构化和规则性的职业，如会计人员和银行职员等。

（五）企业趋向

具有这种趋向的人会被吸引从事那些包含大量以影响他人为目的的人际活动的职业，如管理人员、律师等。

（六）艺术趋向

具有这种趋向的人会被吸引从事那些包含大量自我表现、艺术创造、感情表达和个性化的职业，如艺术家、广告创意人员等。

职场上每个人不是只包含一种职业趋向，更多的是几种职业趋向的混合。当这种趋向越相似时，则人在选择职业时面临的内在冲突和犹豫就越少。简单地说，只要不断成熟的个性和兴趣支持了原有的职业趋向，自然职业锚也就成为可能。

第四节　组织职业生涯管理

一、组织职业计划设计

一般而言，开发职业计划，就是把本企业组织中存在的人力资源职责和结构有机地整合在一起，从而在人力资源的各个方面的相互强化中产生协同作用。

（一）确定个人和组织的需要

职业计划应当能够满足管理者、员工个人和组织的需求。一方面，为了建立目标和完善职业计划，个人需要认识自身的知识、技能、能力、兴趣和价值观，并寻找有关职业选择的信息；另一方面，管理者应在个人业绩和有关组织工作、感兴趣的职业机会等方面的信息上，以反馈的形式对员工个人提供帮助，而组织要负责提供有关任务、政策和计划的信息，并支持员工进行自我评估、培训和发展。当个人的动机与企业组织所提供的机会相融合时，就会极大地促进其职业的发展。

1. 组织的需要

同其他人力资源规划一样，组织的需要是职业计划的开始和基础，它所关注的是在未来一段时期，企业组织的主要战略问题。它包括：①在未来一段时期内企业组织将面临的最关键的需求和挑战是什么。②为了满足这些挑战所需要的关键技能、知识和经历是什么。③企业组织将需要什么水平的人员配置。④企业组织是否有必要为满足这些关键性的挑战而提供工作舞台。

2. 个人职业的需要

从个人职业需求看，要确定个人在企业组织内是如何发现机会的，具体包括：是发挥个人的力量？是提出个人的发展需要？是提供挑战？是满足自我的兴趣？是符合自我的价值观？还是与个人的风格相匹配？

对需要的评价可采用多种方法，如测试、非正式组织的讨论、面试等，并且应该通过不同团体的人员来进行。从这些方面确定的要求和问题，为企业组织的职业机会奠定了基础。职业计划的管理就是将组织的需要与个人的职业要求有机地联系在一起。

（二）创造有利的条件

实施职业计划需要具备一些基本条件，从而为职业机会开发创造有利的环境。

1. 管理层的支持

职业计划要想成功，就必须得到企业组织高层管理者的全力支持。高层管理者是企业组织的决策者，他们的思想往往代表着组织的文化政策。试想，没有人本观念的领导者，很难去重视员工的职业生涯，更谈不上制订有益于员工发展的职业计划。因此，企业组织应当从上到下共同设计能够反映组织文化目标的职业发展计划系统，为员工指明有关其自身职业发展的方向。

2. 确定职业目标

对组织尤其是对员工个人，在开始其职业规划之前，他们不仅需要清楚地认识组织的文化，而且要求他们明确地了解组织的近期目标，这样他们才能在知道其自身目标与组织目标相匹配的情况下，为个人的变化和成长做出规划。

3. 人力资源管理政策的变化情况

企业组织的人力资源管理政策对职业计划有很大的影响，要确保其职业计划有效，企业组织可能需要改变或调整目前的人力资源管理政策。例如，调换职位就可能要求员工改变工作团体、工作场地或组织单位，也可能会要求员工做必要的迁移，到外地工作。对组织来讲，调换职位可以使员工到那些最需要其服务的地方及他们可以学到新知识和技能的地方去；而对员工而言，不仅要适应新的环境，而且还要更新其技能、知识和能力。

4. 公布计划

职业计划应该在企业组织内进行广泛的宣传，以使每一个管理者和员工都能清楚地了解和认识组织的目标和工作机会。例如，可将其公布在企业宣传物上，可以编辑在员工手册里等。

（三）展示工作机会

1. 工作能力的要求

从企业组织角度讲，需要了解工作对个人所要求掌握的知识和技能水平。这就要进行工作分析。研究显示，工作需要有三种基本能力：技术诀窍、解决问题的能力和责任心。其中技术诀窍可分为三种类型：技术型、管理型和人际关系。要对每一项工作的三种主要能力进行评分，而且对每一个工作都要计算其总价值。

2. 工作提升

工作提升是新员工可能会经历的，包括从起始工作一直到需要更多知识和技能的工作。企业组织可能根据工作的重要性对其所需的技能进行确定，在此基础上进行工作提升的规划。一般企业组织都采用管理型、专家型和技术型的工作提升，也就是说从人力资源管理的角度为员工提供一个清晰、明确的职业晋升路线，以此作为个人发展的基础和阶梯。

3. 安排双重职业成长道路

职业计划应该为员工提供多条职业成长途径。比如，员工最终可能变成管理者，这不仅使员工得到了企业组织的认可，同时也是一条补偿技术专业人员的职业途径。尤其是对于一些特殊领域，如财会、市场营销和工程，可以向其提供相当于不同层次管理者的薪金作为给予员工的晋升。

4. 培训的需要

在职业成长道路中，工作之外接受培训是必需的。通过适当的培训，才能适应全新的工作方式并保持高效的工作业绩。当然，不同的员工因职位的不同所需的培训也不一样。

（四）测量员工的潜能

要保证员工能在职业成长道路中获得成功，就要在职业计划中提供测量员工潜能的工具和技术，这是职业计划的重要目标，这个目标可以不同的方式实现，但都要有员工自身的积极参与。常见的方法有以下两种。

1. 职业计划工作手册

职业计划工作手册是通过涉及价值观、兴趣、能力、目标和个人发展计划的自我评价系统来分别引导员工。许多大公司及一些出版书刊都用其来帮助员工个人研究各种职业决策问题，以规划他们各自的职业。

2. 职业咨询

职业咨询是指作为企业组织与员工讨论其当前的工作表现、他们的职业目标、个人技能及合适的职业发展目标的过程。职业咨询在企业里一般是自愿进行的，一些企业组织将咨询作为年度绩效评估的一部分。职业咨询由人力资源部的职员、监考者、专门的人事咨询员或外部的咨询专家来组织进行，对员工的职业发展具有重要的指导意义。

二、职业生涯阶段管理

在组织里面进行职业生涯管理，主要是对员工的职业发展进行正确引导，协调企业目标与员工目标，尽量让员工目标与组织目标保持一致。帮助员工制订职业发展计划，让员工和企业共同成长和发展。在职业发展的不同阶段，企业进行直接管理的重点也不尽相同。

（一）招聘时的职业生涯管理

员工的职业生涯管理是长期的动态过程，因此从招聘新员工时就应该开始。招聘的过程实际上是应聘者和组织相互了解的过程。企业组织在招聘时，向应聘者提供目前企业状况与未来工作的展望，向其传达企业组织的基本理念和文化理念，以使他们尽可能真实地了解企业组织。同时，企业组织还要尽可能全面地了解候选人，了解他们的能力倾向、个性特征、身体素质、受教育水平和工作经历等，以为空缺职位配备合适的人选，并为新员工未来的职业发展建立良好的开端。

（二）职业生涯早期管理

职业生涯早期阶段是指人由学校进入组织，在组织内逐步“组织化”并为组织所接纳的过程。这一阶段一般发生在 20 ～ 30 岁，是人由学校走向社会、由学生变为雇员、由单身生活变为家庭生活的过程，一系列角色和身份的变化，必然要经历适应过程。在这一阶段，个人的组织化及个人与组织的相互接纳是个人和组织共同面临的职业生涯管理任务。因此，对于企业组织来讲，其职业管理的主要任务如下。

1. 协调企业目标与个人目标

第一，树立人力资源开发思想。人力资源管理应坚持以人为本，强调企业不仅要用人，更要培养人。职业管理正是培养人的重要途径，牢固树立人力资源开发思想是真正实施职业管理的前提。

第二，了解员工的需要。员工的需要包括员工的职业兴趣、职业技能等。企业只有准确地把握员工的主导需求，才能把他们放到最合适的职位上，做到有针对性地满足其需求。

第三，建立员工与企业的利益共同体。企业在制订目标时，要使企业目标包含员工个人目标，并通过有效的沟通使员工了解企业目标，让他们看到实现企业目标给自己带来的利益。

2. 帮助员工制订职业计划

第一，对员工进行岗前培训，引导新员工。这主要是向新员工介绍组织的基本情况，即历史和现状，宗旨、任务和目标有关的制度、政策和规定，工作职责、劳动纪律和组织文化等，目的是引导员工熟悉环境，减少忧虑感，增加归属感和认同感。

第二，设计职业计划表。职业计划表是工作类别结构表，即通过企业中的各项工作进行分门别类，形成系统反映企业人力资源配置状态的图表。借助该图表，企业组织的普通员工及专业技术人员就可以瞄准增加的目标并在经验人士、主管经理的指导下，正确地选择自己的职业道路。

第三，为员工提供职业指导。企业为员工提供职业指导有三种途径：一是通过管理人员进行，管理人员为员工提供职业指导是其应尽的责任和义务。管理人员与其下属共事，对下属的能力和专长有较深的了解，所以有可能在下属合适从事的工作方面给其提供有价值的建议。同时，可以帮助下属分析未来晋升及调动的可能性。二是通过外请专家进行，企业可以外请专家为员工进行职业发展咨询。三是向员工提供有关的自测供给，有很多职业测试工具都可以帮助员工进行能力及个人特质方面的测试，具体可以通过发测试手册将这些工具放在内部网上，供员工自行测试使用。

第四，给员工分配工作进行测试。这样做，可以对其工作表现和潜能进行考查和实际测试，并及时给予初期绩效反馈，使员工了解自己做得如何，以消除不确定因素带来的紧张和不安，帮助其学会并适应该工作。

第五，协助员工制订自己的职业计划。企业可以经常举办一些咨询会议，在会议上员工和他们的主管人员将根据每一位员工的职业目标来评价他们的职业进步情况，同时确认他们应在哪些方面开展职业开发活动。企业应开发职业计划方面的培训，使员工意识到对自己的职业加以规划且完善职业决策的重要性，通过培训，学到职业规划的基本知识和方法。

（三）职业生涯中期的管理

个人职业生涯在经历了职业生涯早期阶段，完成了雇员与组织的互相接纳后，必然步入职业生涯中的中期阶段。职业生涯中期的开始，有两种表现形式：一是获得晋升，进入更高一层的领导或技术职位；二是薪资福利增加，在选定的职业岗位上成为稳定贡献者。职业生涯中期阶段是时间周期长（年龄一般是从 25 ～ 50 岁）、富于变化，既有可能获得职业生涯成功，又有可能出现职业生涯危机的很宽阔的职业生涯阶段。在这一时期的职业管理中，组织要保证员工合理地轮换和晋升，为员工设置合理畅通的发展道路。

1. 帮助员工自我实现

第一，对员工工作进行多样化、多层次的培训。培训与员工职业发展的关系最直接，职业发展的基本条件是员工素质的提高，而且这种素质不一定要与目前的工作相关，这就有赖于持续不断的培训，企业应建立完善的培训体制，使员工在每次职业变化时都能够得到相应的培训。同时，应鼓励和支持员工自行参加企业内外提供的各种培训。不仅在时间上，还应在资金上给予支持和帮助。

第二，提供阶段性的工作轮换。工作轮换对员工的职业发展具有重要意义。它一方面可以使员工在一次次的尝试中了解自己的职业性向和职业锚，更准确地评价自己的长处和短处；另一方面可以使员工经受多方面的锻炼，开阔视野，培养多方面的技能，满足各个方面和各个层次的需求，从而为将来承担更重要的工作任务打下基础。

第三，以职业发展为导向的考核。考核的目的不仅是评价员工的绩效、态度和能力，从而为分配、晋升提供依据，而且可以保证组织目标的实现，激励员工进取及促进人力资源的开发。考核不仅是总结过去，还应面对未来，以职业发展为导向的考核就是要帮助员工发现问题和不足，使之结合明确的努力方向和改进方法，促进员工的成长和进步。因此，组织和管理者应该把考核和员工职业发展结合起来，定期与员工沟通，及时指出员工的问题并提出解决办法，为员工的职业发展指明方向。

第四，改善工作环境，预防职业生涯中期危机。工作环境和条件，对雇员的发展有重要影响。组织的硬环境和条件，如机器设备、厂房、各种设施、照明等，会对雇员的身心健康产生直接的影响；组织的软环境和条件，如组织文化、目标、价值观、具体规章制度、劳动关系、组织风气等，会对雇员的进取心、归属感和工作积极性产生重要影响。组织进行职业生涯管理的重要职责和措施，就是要不断改造上述工作环境和条件，促进雇员的职业生涯发展。

2. 进行晋升和调动管理

晋升与调动是雇员职业生涯发展的直接表现和主要途径。企业有必要建立合理的晋升和调动的管理制度，保证员工能够得到公平竞争的机会。组织中的职业发展通道不应是单一的，而应是多重的，以便不同类型的员工都能找到适合自己的职业发展途径。

3. 实施职业生涯阶梯设计

职业生涯发展阶梯是组织为员工设计的自我认知、成长和晋升的管理方案。组织为员工建立科学合理的职业生涯发展阶梯，对调动员工的积极性与创造性，增加其对组织的忠诚感，从而促进组织的持续发展具有重要意义。目前的职业生涯阶梯模式主要有三种：单阶梯模式、双阶梯模式和多阶梯模式。传统的组织或企业的企业阶梯只有一种，即行政管理职位的路径，在这种情况下，做出突出业绩的技术人员只能通过管理职位的提升才能获得职业方面的发展，发展路径狭窄，效果并不理想。目前，组织中实行最多的是双阶梯的职业生涯阶梯模式，在该模式下，组织为员工提供管理生涯阶梯与技术生涯阶梯两条职业路径，员工可以自由选择在其中任何一个阶梯上得到发展，从而大大弥补了单阶梯模式的缺陷。也有一些组织根据自身情况设计了多阶梯模式，以满足员工的发展需要。

（四）职业生涯后期的管理

从年龄上看，职业生涯后期阶段的雇员一般处在50岁至退休年龄之间。由于职业性质及个体特征的不同，个人职业生涯后期阶段的开始与结束时间也有明显的差别。到这一时期，员工的退休问题必然提到议事日程。大量事实证明，退休会对员工产生很大的冲击，也会对企业组织的工作，尤其是对在职员工产生影响，组织有责任帮助员工认识、接受这一客观事实，并帮助每一个即将退休的员工制订具体的退休计划，尽可能地把退休生活安排得丰富多彩，并且让其有机会继续发挥潜能和余热。

1. 退休计划的含义

退休计划是组织向处于职业生涯晚期的雇员提供的，用于帮助他们结束职业工作，适应退休生活的计划和活动。良好的退休计划可以使员工尽快适应退休生活，维持正常的退休秩序，最终达到稳定组织在职人员的心理，保持组织员工年龄结构的平衡，为组织在职人员提供更多的工作和晋升机会的目的。

2. 退休计划的管理

即将退休的员工会面临财务、住房、家庭等各方面的问题，同时要应付结束工作开始休闲生活的角色转换和心理转换。因此，退休者需要同时面对社会和心理方面的调节，通过适当的退休计划和管理措施，满足退休人员情绪和发展方面的需要，是组织应当承担的重要工作，其具体做法和措施有以下三方面。

第一，开展退休咨询，着手退休行动。退休咨询就是向即将和已退休的员工提供财务、住房、家庭和法律、再就业等方面的咨询和帮助。同时，组织开展的递减工作量、预备退休等适应退休生活的退休行动，对雇员适应退休生活具有重要帮助。

第二，做好退休员工的职业工作衔接。员工退休而组织的工作还要正常运转，因此企业组织要有计划地分期分批安排应当退休的人员，切不可因为退休影响工作正常进行。在退休计划中选好退休人员工作的接替人，及早进行接替人员的培养工作，保证工作顺利进行。

第三，采取多种措施，做好员工退休后的生活安排。因人而异地为每一个即将退休的员工制订具体的退休计划，尽可能把退休后的生活安排得丰富多彩，可以通过组织座谈会的形式，增进退休员工与企业的互动，如果退休员工个人身体和家庭情况允许，组织上可采取兼职、顾问或其他方式聘用他们，使其发挥余热。

参考文献

[1] 潘颖，周洁．人力资源管理 [M]. 成都：电子科技大学出版社，2020.

[2] 李亚杰，潘娅．人力资源管理 [M]. 成都：电子科技大学出版社，2020.

[3] 赵继新，魏秀丽人力资源管理 [M]. 北京：北京交通大学出版社，2020.

[4] 李燕萍，李锡元．人力资源管理 [M].3 版．武汉：武汉大学出版社，2020.

[5] 杨丽君，陈佳．人力资源管理实践教程 [M]. 北京：北京理工大学出版社，2020.

[6] 李娟，周苑．人力资源管理及企业创新研究 [M]. 长春：吉林人民出版社，2020.

[7] 黄铮．一本书读懂人力资源管理 [M]. 北京：中国经济出版社，2020.

[8] 张景亮．新时代背景下企业人力资源管理研究 [M]. 长春：吉林科学技术出版社，2020.

[9] 杨姗姗，王祎．互联网时代人力资源生态管理研究 [M]. 长春：吉林人民出版社，2020.

[10] 杨俊青．人力资源管理 [M]. 北京：经济科学出版社，2020.

[11] 朱舟．人力资源管理 [M]. 上海：上海财经大学出版社，2020.

[12] 孙小飞，杨凯．人力资源管理 [M]. 成都：电子科技大学出版社，2020.

[13] 宋岩，彭春凤．人力资源管理 [M]. 武汉：华中师范大学出版社，2020.

[14] 吕惠明．人力资源管理 [M]. 北京：九州出版社，2019.

[15] 田斌．人力资源管理 [M]. 成都：西南交通大学出版社，2019.

[16] 蔡黛沙，袁东兵．人力资源管理 [M]. 北京：国家行政学院出版社，2019.

[17] 刘燕，曹会勇．人力资源管理 [M]. 北京：北京理工大学出版社，2019.

[18] 曹科岩．人力资源管理 [M]. 北京：商务印书馆，2019.

[19] 陈锡萍，梁建业．人力资源管理实务 [M]. 北京：中国商务出版社，2019.

[20] 徐伟．人力资源管理工具箱 [M].3 版．北京：中国铁道出版社，2019.

[21] 柴勇．旅游人力资源管理 [M]. 长沙：湖南大学出版社，2019.

[22] 陈昭清．现代企业人力资源管理研究 [M]. 北京：中国商务出版社，2019.

[23] 周颖．战略视角下的人力资源管理研究 [M]. 长春：吉林大学出版社，2019.

[24] 闫培林．人力资源管理模式的发展与创新研究 [M]. 南昌：江西高校出版社，2019.

[25] 刘倬．人力资源管理 [M]. 沈阳：辽宁大学出版社，2018.

[26] 吕菊芳．人力资源管理 [M]. 武汉：武汉大学出版社，2018.

[27] 张同全．人力资源管理 [M]. 沈阳：东北财经大学出版社，2018.

[28] 刘娜欣．人力资源管理 [M]. 北京：北京理工大学出版社，2018.

[29] 王子涵，熊晶远．现在人力资源管理 [M]. 长沙：湖南师范大学出版社，2018.

[30] 林忠，金延平．人力资源管理 [M].5 版．沈阳：东北财经大学出版社，2018.

[31] 奚昕，谢方．人力资源管理 [M].2 版．合肥：安徽大学出版社，2018.

[32] 彭剑锋．人力资源管理概论 [M].3 版．上海：复旦大学出版社，2018.

[33] 胡羚燕．跨文化人力资源管理 [M]. 武汉：武汉大学出版社，2018.

[34] 袁蔚，方青云．人力资源管理教程 [M].2 版．上海：复旦大学出版社，2018.

[35] 赵志泉，王根芳．中国式思维视域下人力资源管理理论与案例研究 [M]. 北京：中国纺织出版社，2018.